I0039387

# DÉCEMBRE-ALONNIER, LIBRAIRE-ÉDITEUR

### RUE SUGER, 20, PRÈS LA PLACE SAINT-ANDRÉ-DES-ARTS

LE

# COUP D'ETAT

## DU 2 DÉCEMBRE 1851

### PAR LES AUTEURS

## DU DICTIONNAIRE DE LA RÉVOLUTION FRANÇAISE

Historique des événements qui ont précédé le coup d'État. — Physionomie de Paris. — Arrestations et Barricades. — Types et portraits des principaux personnages. — Faits qui ont suivi la chûte de la République. — Pièces et documents officiels, etc., etc.

---

## Un volume in-18 jésus. - 1 fr. 50. - 1 fr. 75 par la poste.

Paris. — Typ. VERT frères, 9, rue François-Miron

# LE
# COUP D'ÉTAT
## DU 2 DÉCEMBRE 1851

BIBLIOTHÈQUE IMPÉRIALE IMPR.

8
55
Lb
2941

# LE
# COUP D'ÉTAT

## DU 2 DÉCEMBRE 1851

HISTORIQUE
DES ÉVÉNEMENTS QUI ONT PRÉCÉDÉ LE COUP D'ÉTAT
PHYSIONOMIE DE PARIS
ARRESTATIONS ET BARRICADES
TYPES ET PORTRAITS DES PRINCIPAUX PERSONNAGES
FAITS QUI ONT SUIVI LA CHUTE DE LA RÉPUBLIQUE
PIÈCES ET DOCUMENTS OFFICIELS

PAR

LES AUTEURS DU DICTIONNAIRE DE LA RÉVOLUTION FRANÇAISE

DÉPÔT LÉGAL
Seine
N° 7966
1868

BIBLIOTHÈQUE IMPÉRIALE
IMPR.

## PARIS

DÉCEMBRE-ALONNIER, LIBRAIRE-ÉDITEUR

20, RUE SUGER

PRÈS LA PLACE SAINT-ANDRÉ-DES-ARTS

—

1868

I

## ÉLECTIONS DE 1850. — OPINION DE PROUDHON.
### LA MAJORITÉ EN DÉSARROI.
### LA MAJORITÉ DE LA CHAMBRE PROPOSE DE CONSTITUER UN MINISTÈRE.
### CONDAMNATION DU SUFFRAGE UNIVERSEL.

Les événements qui s'étaient produits depuis l'avénement du prince Napoléon à la Présidence avaient contribué à réveiller les espérances des anciens partis. Le renversement de la Constitution républicaine n'était plus pour les chefs des factions royalistes qu'une question d'opportunité. Il s'agissait seulement de savoir qui l'emporterait de la branche ainée ou cadette, ou de la famille impériale, alors au pouvoir et escomptant les souvenirs laissés par un grand nom.

Dans la pensée des contre-révolutionnaires, le parti républicain ne comptait plus que pour une minorité fortement entamée en juin 1848, et suffisamment comprimée, depuis le 13 juin 1849, pour que rien ne fit désormais obstacle aux projets de la majorité, monstre à plusieurs têtes, qui, malgré ses divisions profondes, se retrouvait constamment unie contre les idées républicaines.

Les élections partielles de mars 1850 furent une note discordante au milieu de ce concert d'imprécations contre les républicains, qui n'étaient plus représentés dans les cercles officiels que comme des fauteurs d'anarchie.

Paris avait voté la liste tout entière des candidats démocratiques! la propagande démocratique avait facilité le même succès dans les départements (1). Les conservateurs jetèrent un cri d'alarme : ils avaient perdu un terrain considérable, et ils tremblaient en songeant que la progression du mouvement patriotique assurerait sans doute, lors du renouvellement de la Chambre en 1852, le triomphe définitif des démocrates et la consécration de la forme républicaine.

Les élections nouvelles étaient en effet une protestation contre le déplorable bilan de la réaction.

Le sentiment national avait été froissé, humilié, bravé par le renversement de la république romaine et le rétablissement de l'autorité temporelle du pape ; l'expédition de Rome à l'intérieur, annoncée avec un insolent défi, avait produit tous ses fruits : destitution des instituteurs primaires suspects d'attachement à la République ; exaltation de l'ordre clérical ; saisie de journaux dévoués à la liberté et impunité pour les insulteurs de la démocratie ; violation du droit de réunion ; poursuites, détention préventive, mise au secret, emprisonnement et pro-

---

(1) M. Granier de Cassagnac considérait l'élection de de Flotte comme un hommage aux insurgés. Il ne se trompait pas : Paris, en votant pour de Flotte, avait voulu protester contre la transportation en masse, mesure inique s'il en fut. Le nom de de Flotte nous remet en mémoire sa réponse à une interruption de M. Thiers.:

« Vous me demandez dans quels rangs j'étais en juin 1848? Cette question que vous m'adressez, en ce moment, est la condamnation même du mode de transportation en masse, puisque vous en arrivez à me demander, à moi transporté, dans quels rangs j'étais ! »

L'effet produit par cette réponse fut immense.

Un autre fait acheva de jeter le désarroi dans le camp monarchique, les élections de Saône-et-Loire ayant été cassées par la Chambre pour vice de forme, une majorité plus considérable avait renvoyé à la Chambre les mêmes députés, parmi lesquels étaient Colfavru, transporté de juin, et aujourd'hui l'un des membres les plus honorés du barreau de Paris; Alphonse Esquiros, l'auteur de l'*Évangile du peuple*, et au début de la république, rédacteur de l'*Accusateur public*.

scription contre ceux qui s'assembaient pour veiller au salut
de la chose publique ; les libertés détruites, la suspicion à
l'ordre du jour ; les représentants de la République tra-
duits devant la haute Cour de justice.

Tout cela s'était accompli au nom d'une constitution
qui devait assurer la protection de nos droits et de nos
libertés.

La nation outragée par ses mandataires infidèles élevait enfin la voix, et Proudhon, avec un sens politique
admirable exposait en ces termes le caractère des élections
de mars 1850 :

« Le scrutin du 10 mars a été la profession de foi du
peuple. Le peuple a perdu pour jamais la superstition du
pouvoir et du capital. Expédition de Rome, état de siége,
dissolution des gardes nationales ; lois contre la presse,
les réunions, les associations ; loi contre les instituteurs ;
loi contre les libertés communales, tout est flétri du
même coup par le vote du 10 mars. Ce qui s'est fait pendant quinze mois contre la République, contre la révolution est déclaré, par vote, nul et non avenu. Il faut
donc aujourd'hui que le pouvoir, à peine de rébellion
envers le peuple et de tyrannie, non-seulement change
de système mais annule toutes ces lois, et se mette, toute
affaire cessante, à réparer le mal fait à la France et à
l'Europe par sa politique détestable. » (1)

Si les élections avaient été sincèrement considérées
comme l'expression de la volonté du souverain, c'est-à-
dire du peuple, les conséquences de la campagne électorale eussent été immenses, décisives, et l'ordre eut été
irrévocablement fondé dans la liberté ; mais la réaction
avait un trop grand intérêt à ne point laisser se con-
solider la forme républicaine ; la compression qui devait
conduire à un état anarchique redoubla de violence.

Les conservateurs ne voulurent voir dans le succès de
la démocratie que ce qu'ils appelaient le retour des mauvais jours ; et la partie de la presse qui était à leur dévo-
tion, s'exhala en violentes menaces, qui eurent pour effet
de troubler le commerce de la capitale (2).

_____

(1) *La Voix du peuple*, 14 mars 1850.

(2) « *L'Assemblée nationale* du 16 mars 1850, rapporte M. Gra-

La majorité en désarroi crut nécessaire de resserrer ses liens en présence du flot démocratique qui menaçait de la submerger, et d'opposer à l'union des républicains et des socialistes, une masse compacte, agissant d'accord avec le pouvoir exécutif, sauf, après la victoire, à se tourner contre lui. Les républicains qui siégeaient à la Chambre, comptaient tout au plus deux cent trente membres; tandis que la coalition des anciens partis monarchiques en réunissait plus de cinq cents.

Le renversement de la République, qui était dans les vues de la majorité, ne pouvait être immédiat, car aucun des partis qui aurait disputé le pouvoir aux autres, n'aurait dominé sans soulever contre lui les ambitions rivales, et ouvrir ainsi la porte à la démocratie qu'à tout prix on voulait écraser.

Les républicains, de leur côté, voyaient dans ces divisions le gage de la conservation de l'ordre de choses fondé en 1848.

C'est sous l'empire de l'inquiétude des conservateurs que les chefs de la majorité exprimèrent au Président de la République le désir de conférer avec lui sur la marche à suivre pour arrêter les progrès de la démocratie : MM. Molé, Thiers, Berryer, Montalembert, de Broglie, et de Saint-Priest, furent admis à une réunion qui eut lieu à l'Élysée, le 14 mars 1850.

L'avantage de cette situation était évidemment au Président de la République : son avis devait l'emporter d'autant mieux qu'il lui était facile de diviser à son gré, et de mettre aux prises les éléments hostiles dont se composait la majorité.

M. de Montalembert proposa au Président de constituer un ministère qui réunirait les chefs les plus connus de la majorité, de manière à donner à la coalition qui constituait le parti de l'ordre, une puissante homogénéité.

Le Président ne parut pas goûter cette proposition :

---

nier de Cassagnac, désignait par leurs noms, plusieurs grands commerçants de Paris, qui avaient voté la liste socialiste, et annonçait l'intention de continuer sa revue sur les boulevards, dans le quartier des Bourdonnais et rue Richelieu. La liberté et le secret dus aux votes, même antisociaux, arrêtèrent les révélations de ce journal. »

créer un grand ministère et gouverner avec les chefs de la majorité, c'était soumettre la présidence à l'Assemblée nationale, le pouvoir exécutif au pouvoir législatif. Sans doute c'eût été un ordre de choses rationnel sous un régime qui n'eût connu d'autre souveraineté que celle du peuple électeur, de quelque côté qu'il penchât ; mais c'était rendre impossible tout moyen de sortir, à un moment donné de la Constitution républicaine.

Le Président ne voulait évidemment pas consentir au rôle effacé de marchepied d'un prétendant quelconque. Il n'eut qu'à dire : « Qu'en pensez-vous ? Messieurs ! » pour voir la confusion se manifester aussitôt dans la Babel monarchique, et entendre les coryphées de la coalition parler aussitôt un langage différent.

Les appréciations les plus diverses se heurtèrent aussitôt.

M. Thiers, alla jusqu'à dire que la République était une fille qu'il lui coûtait beaucoup d'épouser. Les burgraves (1) n'avaient réussi qu'à donner au Président de la République le triste spectacle de leur impuissance, et à lui montrer combien faible serait l'obstacle qu'une telle majorité opposerait à son ambition lorsque l'heure serait venue de lui donner carrière.

Une lutte d'abord sourde, puis de plus en plus violente et agressive, devait s'engager entre le pouvoir législatif et la présidence.

Le conflit si bien prévu par M. Grevy, allait éclater : deux gouvernements distincts, agissant dans des vues opposées allaient, pendant deux années, troubler le repos de la nation et la fatiguer, de telle sorte qu'on pût lui présenter un jour l'avénement d'un des partis rivaux comme le seul port de salut.

La constitution et le pouvoir exécutif, indépendants du pouvoir législatif, agissant sans contrôle efficace, étaient le défaut capital de la Constitution républicaine. Pouvait-il en être autrement d'une Constitution votée sous l'empire de l'état de siége et élaborée par une Assemblée dont la majorité était résolûment royaliste ? Ainsi la vieille théorie de Montesquieu sur la séparation des pou-

(1) C'était le nom donné alors aux chefs des partis monarchiques.

voirs, bonne tout au plus dans l'état monarchique, mais à coup sûr incompatible avec des institutions républicaines, aura coûté à l'humanité autant de larmes et de sang que le despotisme le plus brutal.

Une révision de la loi électorale, équivalent à une suppression du suffrage universel, parut à la majorité le plus sûr moyen d'opposer une digue à l'invasion démocratique. Ce résultat paraissait obtenu, par un projet de loi qui écartait le plus grand nombre possible d'hommes du peuple sous des apparences de garantie données à la cause de l'ordre.

Le suffrage universel était condamné en principe par les conservateurs, comme une cause de confusion et d'anarchie. On était loin de prévoir alors qu'il était susceptible de devenir au contraire l'instrument le plus docile, entre les mains d'un parti conservateur habile à le diriger. On n'osait toutefois détruire complétement cette arche sainte de la démocratie : on imagina seulement, dans l'impossibilité de rétablir le cens électoral, de restreindre l'étendue et l'application du suffrage universel.

Le vote au chef-lieu de canton devait augmenter le nombre des abstentionnistes, en augmentant pour les classes agricoles les difficultés de déplacement. De plus, en portant à trois années de domicile la condition pour l'exercice du droit électoral, on éliminait la population flottante des villes, qui ne manquait jamais d'apporter son appui à la liste démocratique.

Les journaux de l'opposition démocratique, espérant rallier à eux le Président de la République et son ministère, firent observer avec raison que cette loi était aussi bien dirigée contre l'influence présidentielle que contre le parti républicain ; car elle tendait à enlever à la présidence une partie de l'appui qu'il trouvait dans les populations des campagnes.

Cependant, les républicains étaient loin de se douter qu'un jour le Président de la République ferait du rétablissement du suffrage universel son principal titre pour couvrir la restauration du nouvel empire.

La loi préparée par les chefs de la majorité, dans les salons du ministère, fut votée ; mais elle ne put l'être, toutefois, sans soulever les protestations les plus énergiques de la gauche. M. Charles Lagrange disait à la majorité, le 21 mai :

« C'est dans le sang du peuple que vous avez ramassé le pouvoir dont vous vous servez pour assassiner la République. »

Puis, il ajoutait en parlant de la loi électorale :

« Elle contient l'escroquerie ; oui, l'escroquerie, car elle vole comme un filou qui travaille dans les poches. »

Au dehors de l'Assemblée, les républicains affectaient de considérer la loi du 31 mai comme inconstitutionnelle et annonçaient qu'ils ne craindraient pas, aux élections générales de mai 1852, de revendiquer au besoin, par la force, un droit formellement garanti par la Constitution (1).

Si la loi du 31 mai, qui fut dictée par la peur d'un cataclysme, rêvée par l'imagination de quelques conservateurs, ajouta un nouveau ferment à l'irritation du parti républicain, l'agitation qui s'ensuivit fut admirablement exploitée par la presse réactionnaire ; on agitait déjà le spectre rouge.

Trois millions d'électeurs, que les orateurs de la majorité avaient classés, d'une manière plus injurieuse qu'adroite, parmi les mendiants, les vagabonds et les repris de justice (2), et pour lesquels l'un des chefs parlementaires avait trouvé l'épithète flétrissante de *vile multitude*, se trouvaient éliminés, par suite des nouvelles conditions de domicile.

Cependant la majorité se flattait d'avoir ainsi enlevé

(1) Cette loi était rédigée d'une façon tellement ambiguë et allait si bien contre son but, que M. A. Thiers, l'un de ses rédacteurs, faillit être rayé de la liste électorale de son arrondissement pour une question de domicile. — M. Émile de Girardin fut, si nos souvenirs sont exacts, le dernier représentant élu par le suffrage universel.

(2) Le jour où la loi qui restreignait le suffrage universel fut présentée, *la Patrie*, qui ne fut jamais d'une grande tendresse pour la République, publiait un article dans lequel elle faisait la nomenclature de tous les *coquins* que la loi excluait du droit de voter. Il paraît que la population parisienne s'est bien purgée depuis cette époque, puisque, quand le suffrage universel fut établi, ce journal ne réédita pas ce célèbre article, bouffon et ridicule à force de vouloir être méchant.

au Président sa principale force, d'avoir composé un nouveau corps électoral dans l'esprit de sa politique. Il était cependant aisé de prévoir que le triomphe momentané de la majorité ferait bientôt place à d'amères déceptions.

Louis-Napoléon vit plus tard dans le rétablissement du suffrage universel, par l'abrogation de la loi du 31 mai, un moyen de se populariser, de montrer que la majorité législative se mettait en dehors de la Constitution, et de faire ainsi échec à la coalition parlementaire.

Et nous le verrons, dans son message de 1851, demander l'abrogation de la loi du 31 mai, et la substitution d'un domicile de six mois à celui de trois années.

L'Assemblée nationale, frappée d'impopularité, se trouvait en quelque sorte désarmée contre le chef du pouvoir exécutif, qui avait habilement mis la légalité de son côté, et il devenait de moins en moins probable que la contre-révolution s'opérerait au profit de ses adversaires. Ses partisans le présentaient déjà comme le sauveur de la nation, et ce rôle allait le grandir d'autant plus, que les attaques de la majorité paraissaient mesquines et maladroites.

Les froissements entre le Président de la République et la majorité se produisirent avec un certain éclat lorsque le Président demanda un supplément de crédit de trois millions pour frais de représentation.

« La France, ont dit depuis ses partisans, ne voulait « pas d'un Président bourgeois et lacédémonien. »

La majorité, qui espérait réconcilier la nation avec les traditions monarchiques, se serait bien gardée de refuser cette liste civile à un pouvoir qui remplissait à ses yeux l'intérim de la monarchie ; mais, d'un autre côté, il lu répugnait d'accorder cette concession au prince Napoléon comme une marque de déférence ou de sympathie personnelle.

Aussi M. de Tocqueville, rapporteur de la loi, appuya l'augmentation de crédit d'un motif blessant pour la dignité personnelle du Président. La commission proposait d'accorder le crédit, non pour couvrir les frais de représentation de la présidence, mais pour acquitter les dettes du Président.

La gauche repoussa la proposition, comme incompatible avec les institutions républicaines. Quoi qu'il en soit, la loi fut votée à une majorité de quatre voix.

Peu de temps après, il parut nécessaire à quelques membres de la majorité, qui ne voyaient de salut pour la religion, la famille et la propriété que dans l'établissement d'un pouvoir fortement constitué, d'agrandir encore les attributions présidentielles, en confiant directement au Président la nomination des maires. Toutefois, cette nouvelle atteinte à la Constitution ne fut pas sanctionnée par un vote; une fraction importante de la majorité, qui craignait que l'autorité dont on armerait le Président ne finît par mettre le pouvoir législatif à sa merci, se prononça contre le renversement des dernières franchises municipales. Dès lors, la rupture entre les deux pouvoirs était définitive.

## II.

### PROROGATION DE L'ASSEMBLÉE NATIONALE.
### VOYAGE DU PRÉSIDENT DANS LES DÉPARTEMENTS. —. REVUE DE SATORY. — LE GÉNÉRAL CHANGARNIER.

L'Assemblée nationale s'étant prorogée au commencement d'août jusqu'au 11 novembre, les chefs des différents partis mirent le temps à profit pour préparer la restauration du prétendant de leur choix. Les uns prirent la route de Wiesbaden et les autres celle de Claremont.

Chacun des souverains expectants en disponibilité se composa une cour. Dans cette comédie intime, la multitude était représentée par quelques paysans et ouvriers bien pensants, grassement payés pour aller porter au pied de l'un ou de l'autre trône *les vœux de la nation*. Ceux qui déploraient une scission fatale *au grand principe de l'ordre* imaginèrent la fusion des deux branches rivales, et pendant longtemps il ne fut question que de cet étrange mariage :

« Fusion des confusions, confusion des fusions! » disait un homme du temps.

Le Président de la République, de son côté, ne négligea pas de se mettre plus directement en rapport avec les populations. Il s'agissait de sonder le terrain pour demander une prorogation des pouvoirs de la présidence, acheminement au rétablissement de l'Empire. Lyon, Cherbourg, Besançon, Reims, Caen reçurent la visite du prince Louis-Napoléon. Les nombreuses allocutions qu'il prononça dans le cours de ce voyage laissaient déjà percer, sous une forme voilée, des desseins dont la transparence n'échappait pas aux gens clairvoyants :

« Je serai tout entier au pays, disait-il au maire de
« Lyon, quelque chose qu'il exige de moi, abnégation ou
« *persévérance.* »

On pouvait déjà voir là l'intention d'arriver à une révision de la Constitution, qui permît une prorogation de pouvoirs. Enfin, il terminait en disant :

« Si des prétentions coupables se ranimaient et menaçaient de compromettre le repos de la France, je saurais les réduire à l'impuissance en invoquant encore la souveraineté du peuple, car *je ne reconnais à personne le droit de se dire son représentant plus que moi.* »

On pouvait voir dans ces paroles une menace à l'adresse de l'Assemblée nationale.

« Ce qu'on acclame en moi, disait-il encore au banquet de Cherbourg, c'est le représentant de l'ordre et d'un meilleur avenir.... Et si des jours orageux devaient reparaître, et que peuple voulût imposer un nouveau fardeau au chef du gouvernement, ce chef, à son tour, serait bien coupable de déserter cette haute mission ; mais n'anticipons pas tant sur l'avenir, tâchons maintenant de régler les affaires du pays, accomplissons chacun notre devoir, Dieu fera le reste. »

De la République et de la *Constitution*, pas un mot ne fut prononcé dans ces discours.

Les républicains le constatèrent avec inquiétude ; mais ils se reposaient sur la foi du serment qui liait le Président de la République, et répétaient, pour se rassurer, ce passage du dernier message :

« Je veux être digne de la confiance de la nation, en maintenant la Constitution que j'ai jurée. »

La revue de Satory, qui eut lieu le 10 octobre 1850, au retour du Président, vint fournir un nouvel aliment aux préoccupations générales (1).

L'infanterie avait défilé en silence devant le Président et son état-major ; ces troupes, composant la première division militaire, étaient sous le commandement du général Neumayer.

L'attitude des quarante-huit escadrons de cavalerie fut bien différente : à un signal donné par les officiers, les soldats poussèrent d'immenses cris de : *Vive Napoléon!* et même de *Vive l'Empereur!*

Si ces dernières acclamations étaient flatteuses pour celui qui en était l'objet, le silence de l'infanterie ne l'étonnait que davantage. Il résulta des explications qui furent fournies, que le général Neumayer avait prescrit le silence sous les armes.

N'avait-il pas obéi à un devoir sous un gouvernement qui devait voir un cri séditieux dans celui de *Vive l'Empereur!* c'est ce qui est incontestable.

Aussi fut-on surpris d'apprendre que la destitution du général Neumayer avait été proposée. Néanmoins, le Président ne crut pas devoir déployer une rigueur qui eût ému, à juste titre, l'opinion publique, et le général Neumayer fut appelé au commandement des 14e et 15e divisions militaires.

---

(1) Il faut avoir habité Paris à cette époque pour se rendre compte de l'effet que cette revue produisait sur la population parisienne. Dès le matin, les gares de chemins de fer avaient été envahies, et tous les véhicules disponibles mis en réquisition. Nous nous rappelons que le train d'une heure de la rive gauche était tellement garni de monde, que des voyageurs étaient descendus sur la voie pour aider à pousser le train. La voie était encombrée par les voyageurs; ce jour-là la population parisienne s'attendait à voir Louis-Napoléon proclamé empereur, revenir à la tête de l'armée. Le soir quand on apprit que l'armée n'avait fait que crier : *Vive l'empereur!* on se déclara presque satisfait. Pour nous, qui nous souvenons de cette époque, nous nous rappelons de l'inquiétude qui agitait la population, du malaise que cet état d'incertitude faisait peser sur les esprits, de la difficulté des transactions commerciales : « Il faut que cela finisse d'une façon ou d'une autre, » disait-on de toutes parts.

Le général Changarnier, commandant en chef de l'armée de Paris, se trouvait indirectement atteint par la disgrâce du général Neumayer.

Ce général avait, au sein de l'Assemblée nationale, une position exceptionnelle. Les divers partis monarchiques devenus hostiles au Président de la République, avaient mis leur confiance en lui et comptaient sur son appui, au cas où le chef du pouvoir exécutif eût dirigé quelque entreprise contre l'Assemblée nationale.

Les journaux de la coalition parlementaire, l'*Ordre*, l'*Assemblée nationale*, l'*Opinion publique*, allaient jusqu'à dire que le général était *une place de sûreté*, l'*arbitre de la situation*, et que sa destitution serait le signal d'une *lutte entre les deux pouvoirs* (1).

· La commission permanente de l'Assemblée nationale, comprenant que l'hostilité bien connue du général Changarnier au pouvoir exécutif l'exposait à être brisé aussi aisément que venait de l'être le général Neumayer, délibéra sur une proposition de déférer à ce général le commandement d'un corps de troupes, destiné à protéger le pouvoir législatif en cas de besoin.

La proposition s'appuyait sur le motif suivant :

« Considérant la phase importante et nouvelle du système d'agression dirigé, depuis un an, contre le pouvoir législatif... » Malheureusement la commission législative n'avait pas compris que le général Changarnier était soumis au pouvoir exécutif lui-même par la nature de ses fonctions ; elle crut néanmoins que son prestige au sein de l'Assemblée lui créait une position que le chef de l'État ne pouvait briser sans danger ; de l'autre côté, investir le général d'une autorité militaire, indépendante de celle du pouvoir exécutif, c'était créer deux pouvoirs rivaux et établir une situation inconstitutionnelle, par suite révolutionnaire.

Le Président de la République, au contraire, ne faisait

_____

(1) Le général était tellement certain de son influence dans l'Assemblée, qu'un jour, en descendant de la tribune, il s'oublia au point de faire un geste vers la gauche comme s'il eût voulu lui envoyer un coup de cravache; le général ne fut point rappelé à l'ordre, mais cet oubli des convenances était peu fait pour rapprocher, lors d'un coup d'État par le Président, la gauche républicaine de la majorité.

qu'user de ses pouvoirs légitimes, en renversant une autorité subordonnée à la sienne. Le général Changarnier vit, avec raison, une sorte de défi dans le remplacement du général Neumayer, et répondit par l'ordre du jour suivant, en date du 2 novembre :

« Aux termes de la loi, l'armée ne délibère point ; aux termes des règlements militaires, elle doit s'abstenir de toute démonstration et ne proférer aucun cri sous les armes.

« Le général en chef rappelle ces dispositions aux troupes placées sous son commandement. »

A cet ordre du jour furent jointes des instructions aux deux corps d'armée de Paris, on y lisait :

« Ne pas écouter les représentants;

« Tout ordre qui ne provient pas du général en chef est nul ;

« Toute réquisition, sommation ou demande d'un fonctionnaire civil, judiciaire ou politique, doit être rigoureusement écartée. »

Ces instructions, qui avaient été publiées en 1849 à une époque où l'on avait à craindre les menées de certains partis, trouvaient difficilement leur application dans les circonstances où l'on se trouvait.

En apparence, elles contenaient la négation du droit que la Constitution reconnaissait à l'Assemblée nationale de pourvoir à sa sûreté et de requérir les forces nécessaires. C'est à ce point de vue que se plaça le prince Louis-Napoléon, lorsqu'il proposa, dans la séance du 3 janvier, d'infliger un vote de blâme au général Changarnier, qui avait rappelé ces instructions.

Mais l'Assemblée, qui ne doutait point du dévouement du général et qui était persuadée d'ailleurs qu'il n'avait eu pour objet que de maintenir l'unité de commandement, pendant le combat, accueillit les explications qui lui furent présentées, et passa à l'ordre du jour.

Huit jours après, le général Changarnier était révoqué de ses fonctions de général en chef de l'armée de Paris.

Cette mesure foudroya les résistances que le prince Président pouvait rencontrer de la part de l'Assemblée nationale, et M. Thiers put s'écrier :

« L'Empire est fait ! »

Pendant ces événements, il n'était bruit, dans Paris, que de la formation d'une société politique dévouée aux intérêts du Président et destinée à favoriser ses projets. La *Société du Dix-Décembre*, dont le titre expliquait suffisamment l'esprit, se recrutait parmi les ouvriers, les marchands à la Halle, les petits propriétaires et généralement tous ceux que la préfecture de police pourvoyait de médailles ou de permissions. Ces messieurs faisaient foule sur le passage du Président, assourdissant le voisinage de leurs clameurs pour le futur Élu du peuple, invitant les passants à s'associer à leurs manifestations, et assommant, à coups de gourdin, ceux qui paraissaient insensibles aux bienfaits que promettait la restauration du futur Empire. Le cri de *Vive la République!* ne manquait pas d'attirer sur son auteur la lourde main d'un sociétaire zélé. On se souvient encore des traits plaisants que reproduisirent les journaux de l'époque sur les *décembriseurs* et les *décembrisés*. Les plaisanteries de ces messieurs sur les 25 francs par jour alloués à chaque représentant, étaient intarissables (1). C'est par de tels procédés que l'Empire s'affirmait déjà.

Le langage des journaux bonapartistes affectait une violence dont les journaux républicains les plus ardents n'approchaient pas : les excitations qu'ils consignaient chaque jour n'étaient pas peu propres à entretenir la main des sociétaires du Dix-Décembre.

Le journal le *Pouvoir* allait jusqu'à dire, en faisant parler un paysan des environs de Saint-Quentin, sur le passage du Président :

« Ah ! il n'est pas aussi hardi que son oncle (2). »

Quelle était l'attitude de la gauche républicaine dans le conflit entre la majorité et le pouvoir exécutif? Pascal Duprat a nettement exprimé la pensée de ses collègues de la minorité, par ce qu'il disait, dans le 10e bureau de l'Assemblée :

« Nous n'avons pas une grande confiance dans le dé-

---

(1) « Et dire que tout cela coûtera 25 francs à la France ! s'écriait un membre de la droite dans la séance du 10 juillet; et l'on croit que la France consentira à se laisser gouverner ainsi. »

2) Le *Pouvoir* du 21 juillet 1850.

vouement du prince Louis-Napoléon à la République; mais nous avons encore moins de confiance dans le vôtre et dans celui du général Changarnier. Nous n'avons pas vu sans ombrage la revue de Satory; mais, pendant ce temps-là, était-ce pour défendre la République que vous alliez, les uns à Claremont, les autres à Wiesbaden ? »

Comme on le voit, la minorité républicaine agissait déjà sous l'empire du sentiment qui l'amena dans les derniers moments de la République, à séparer sa cause de celle de la majorité, croyant toujours que l'ombre du général Changarnier était plus redoutable pour les libertés publiques que le pouvoir exécutif armé pour la lutte.

L'incident Changarnier fut bientôt suivi d'un vote de défiance contre le ministère. Vainement M. Baroche prit-il la parole pour protester contre les projets attribués au Président de la République et rappeler le serment qui le liait à la Constitution, la plus grande partie des membres de la droite se joignit à la gauche pour infliger un échec à la présidence.

« Si l'on vient dire, s'écriait M. Baroche, qu'on ne peut se dissimuler que, depuis quelque temps, il y a près du pouvoir une tendance à montrer peu de foi dans nos institutions, à considérer comme transitoire et éphémère la forme du gouvernement sous lequel nous vivons, à semer dans tous les rangs de la société le doute de l'avenir, à préconiser les bienfaits du gouvernement absolu, et à aspirer, dans un avenir indéterminé, à une restauration impériale... je réponds que les paroles du Président, qui a prêté serment à la Constitution à cette tribune, et qui a renouvelé ce serment par son Message du 12 novembre 1850, repoussent bien loin de son esprit et de son cœur toute pensée d'un retour au gouvernement de l'Empire. N'avez-vous pas encore présentes à la mémoire les dernières phrases du Message du 12 novembre, où, dans le langage le plus énergique, dans un langage qui est, comme l'a dit lui-même M. le Président de la République, celui d'un homme qui n'a d'autre pensée que de faire son devoir, d'un homme qui a seul prêté serment à la Constitution, vous reconnaissant à vous le droit de la reviser dans les formes légales, il déclare, en même temps, que, quant à lui, il n'a pas autre chose à faire que de remplir son devoir d'honnête homme en l'exécutant, en la maintenant contre les adversaires de toute nature qui pourraient vouloir la modifier... M. le Président est le seul auquel on ne puisse attribuer des pensées de restauration... Il a pris l'engagement d'honneur de maintenir la République; il le tiendra, et l'Assemblée peut être assurée qu'elle n'a pas besoin d'autre garantie que cette affirmation. »

## III.

### MINISTÈRE DU 24 JANVIER 1851. — DEMANDE D'INDEMNITÉ EN FAVEUR DU PRÉSIDENT. — DES CONSEILS GÉNÉRAUX DEMANDENT LA RÉVISION DE LA CONSTITUTION. — M. DE MORNY SONDE LES DISPOSITIONS DE LA MAJORITÉ. — LOI SUR LA DÉPORTATION.

Le nouveau ministère, constitué le 24 janvier 1851, déposa une demande de 1,800,000 francs de crédit supplémentaire pour frais de représentation de la présidence; jamais demande ne fut plus mal accueillie par la majorité.

« La Chambre, disaient publiquement les représentants, n'accordera au prince Louis-Napoléon ni un jour, ni un écu. »

Les partisans du Président ne contestaient pas les embarras pécuniaires de Louis-Napoléon; la plupart de ses amis n'étaient pas eux-mêmes en état de le soutenir. Ceux-ci disaient volontiers qu'un supplément de crédit était nécessaire au Président pour secourir de vieux soldats et distribuer des aumônes aux malheureux (1). Bien que les divers partis donnassent ainsi le spectacle de leur division, on s'attendait généralement à les voir se rapprocher sur le terrain de la révision de la Constitution de

(1) Véron. *Mémoires d'un Bourgeois de Paris*, t. VI, p. 127.

1848, que l'article 3 de la Constitution autorisait, à la condition que la révision fût admise à la majorité des trois quarts des votants.

Personne n'ignorait que la minorité républicaine serait franchement hostile à cette mesure, et que le nombre de ses membres suffirait pour faire rejeter la demande ; mais il importait aux intéressés de montrer au moins qu'ils réunissaient une majorité imposante dont l'autorité aurait peut-être suffi pour autoriser certaines mesures inconstitutionnelles, présentées avec un caractère de salut public.

Les conseils généraux des départements formulèrent des vœux sur le même objet ; un grand nombre proposèrent directement l'augmentation du traitement et la prolongation des pouvoirs du Président de la République.

Les employés des différentes administrations *chauffèrent* dans le même but les populations des campagnes. Plus d'un million de signatures furent ainsi obtenues par des moyens qui échappaient à tout contrôle, et que les journaux du temps relevèrent de manière à faire douter de l'authenticité de ces signatures. Quatre cent mille signataires seulement demandaient expressément la prolongation des pouvoirs présidentiels.

Alors que ces faits se manifestaient, la crainte d'un coup d'État était entretenue dans le public. Bien peu croyaient que ce coup d'État pût venir de la majorité de l'Assemblée nationale. Une telle entreprise demandait un secret rigoureux qu'on ne pouvait attendre de la part de représentants unis contre la présidence, mais divisés entre eux sur la forme du gouvernement à substituer à la République.

Le Président ne trouvait-il pas, à certaines heures, des flatteurs et des complaisants, même parmi certains chefs de la majorité qui passaient pour les plus hostiles à sa personne?

Vers la fin de 1850, M. le comte Molé n'était-il pas venu dire au Président :

« Prince, la Commission de permanence veut vous faire arrêter; des propositions m'ont été faites, que j'ai repoussées avec indignation, et j'ai dit que je vous préviendrais. »

On devait, ajoute M. de Céséna, mettre le prince à

Vincennes; le général Changarnier allait être proclamé chef du pouvoir exécutif par la Commission de permanence, en attendant la convocation de l'Assemblée, et ensuite on espérait s'entendre pour faire une restauration (1).

Quoi qu'il en soit, la présidence et la majorité semblaient d'accord pour poursuivre la révision de la Constitution, afin de parer à ce qui était considéré de part et d'autre comme un danger : la consolidation de la République par le renouvellement régulier de l'Assemblée législative.

M. le comte de Morny fut chargé par le Président de sonder les dispositions des chefs de la majorité, et eut, à cet effet, une conférence dans un des bureaux de la Chambre avec MM. Molé, de Broglie et Berryer. Il proposa la prorogation des pouvoirs présidentiels, par la révision de la Constitution.

« Tout cela, Messieurs, dit-il, peut se faire avec vous, sans vous et même contre vous. Est-il un seul parti, en France, qui compte des chances certaines ? Ce qui manque à la France, ce ne sont pas les prétendants ! Nous en avons trois, nous avons ici chacun le nôtre ! Mais avant de songer à rien faire de stable et de définitif, il faut rétablir le respect de la monarchie, de l'autorité, la discipline, les croyances. Pour accomplir ce miracle, je ne vois que le prince Louis-Napoléon, dont le nom est une puissance, dont l'éducation et les sentiments sont une garantie : il est là, disponible. Ce changement de nos mœurs politiques et de nos institutions, en nous entendant tous, se fera sans secousse ; avec le concours des modérés, il aura sa limite ; tandis que sans vous on peut aller plus loin que vous ne le voudrez ; réfléchissez-y ! La Chambre elle-même, fort discréditée dans l'opinion publique, n'a point d'avenir.

« La révision de la Constitution et la prorogation des pouvoirs du Président, proposées et soutenues par vous, c'est-à-dire par les honnêtes gens de tous les partis, sont un coup d'État facile ; pas de crise pour le pays, pas de sang répandu ; l'opinion publique applaudirait certainement à cette courageuse entreprise. »

(1) *Histoire d'un Coup d'État*, par Bélouino, p. 48.

M. Louis Véron, qui nous fournit ces détails, ajoute :

« Si je suis bien informé, M. le duc de Broglie aurait refusé de se prêter à de pareils projets, estimant que l'Assemblée législative, touchant bientôt à l'expiration de ses pouvoirs, n'aurait ni assez de résolution, ni assez d'énergie, ni assez d'autorité pour accomplir un pareil acte.

« Si je suis bien informé, M. Berryer n'aurait point regardé cette transaction comme possible.

« Un coup d'État, qu'il vienne du Président de la République ou même de la Chambre, ça ne se prépare pas, ça se fait un beau matin sans avertir personne (1). »

D'autres projets succédèrent à celui-ci. L'un des plus curieux fut celui qu'appuyèrent plus de soixante députés de la majorité, et qu'ils s'engagèrent même à proposer à l'Assemblée législative.

La Constitution devait être modifiée, en dehors des voies constitutionnelles, par l'Assemblée législative dans les termes suivants :

« Le Président est déclaré rééligible.

« Le pouvoir législatif sera divisé en deux chambres ;

« L'Assemblée législative organisera les pouvoirs des deux chambres et votera la loi électorale.

« Ces modifications seront ratifiées par le suffrage universel. »

Il était convenu entre les partisans de ce projet, que si l'Assemblée nationale hésitait à lui donner force de loi, ils donneraient leur démission de représentants et iraient se rallier autour du Président de la République, qui serait alors tenu de se prononcer. On ne vit pas sans étonnement M. Montalembert soutenir la proposition.

« Vous défendez ce projet, lui dit M. Daru, l'un des vice-présidents de l'Assemblée législative, et s'il était voté, avant quinze jours vous vous repentiriez de l'avoir fait réussir. »

Quoi qu'il en soit, plusieurs de ceux qui entraient dans ces vues se promettaient bien de ne pas appuyer le Président de la République dans ses projets quoiqu'ils ad-

(1) Véron, *Mémoires d'un Bourgeois de Paris*, t. VI, pages 142 et 143.

missent en principe la rééligibilité. Ils ne voyaient dans la combinaison proposée qu'un moyen d'en finir avec la Constitution républicaine, sauf à compter ensuite avec les événements imprévus ou même avec la pression de l'opinion publique, pour le choix d'un nouveau souverain.

Le refus du Président de la République fit échouer ce projet ; il préférait exécuter le coup d'État sans le concours de la majorité qui renfermait trop de personnages hostiles à ses vues personnelles et même contre cette majorité. L'abrogation de la loi électorale du 31 mai était d'ailleurs l'arme dont il voulait se servir contre l'autorité législative ; il gagnait ainsi l'appui de tous ceux qui n'écoutaient que leurs ressentiments contre une Assemblée discréditée et éminemment impopulaire.

Néanmoins le chef du pouvoir exécutif et l'Assemblée législative, jugeant nécessaire de se ménager mutuellement, tant qu'ils n'auraient pas pris de grandes mesures pour réduire les républicains à l'impuissance, essayèrent encore leur force contre les Montagnards et éprouvèrent une fois de plus leur patience. La loi de déportation à Noukahiva fut votée, et appliquée aux condamnés de Lyon, quoiqu'ils fussent couverts par le principe de non-rétroactivité.

Ces derniers faits se passaient en août 1851.

## IV.

### COUP D'ÉTAT CARLIER. — OPINION DE M. DE MORNY.

Ce fut en septembre que la Chambre se prorogea ; pendant cet intervalle, M. Carlier, alors préfet de police, chercha à préparer lui aussi un coup d'État. Laissons ici la parole à un homme qui a été entretenu dans les confidences de l'auteur de ce projet.

« Certain de l'exécution rigoureuse de tous ses ordres par de fidèles et intrépides agents, il (M. Carlier) faisait abattre dans tous les quartiers de Paris les arbres de la liberté, fermait les clubs les plus résistants avec une simple affiche apposée sur la porte du club et avec la seule assistance de deux ou trois sergents de ville; il supprimait la vente à la criée des journaux dans les rues et cet étalage politique et littéraire de feuilles publiques chez les marchands de vin. La police, bien faite, le tenait au courant de tout ce qui se disait, de tout ce qui se tramait dans les sociétés secrètes. Heureux et fier de ses succès incontestés, le préfet de police visa plus haut : il voulut, par un coup d'État, rétablir l'ordre dans tout le pays et refaire la société.

« J'habitais alors la *Tuilerie*, à Auteuil, et un ancien préfet de mes amis avait bien voulu y accepter l'hospitalité pendant la belle saison. M. Carlier venait tous les jours à la Tuilerie conférer de son projet de coup d'État avec ce préfet. Il l'avait même chargé de rédiger tous les décrets qui devaient être à un jour donné publiés par le *Moniteur*. Par ces décrets, on supprimait le *ministère de l'Instruction publique, l'École polytechnique, les octrois. De toutes les grandes écoles de Droit, de Médecine, d'Alfort, aucune n'était conservée dans la capitale. Quatre cents personnes étaient arrêtées et immédiatement déportées.* Le préfet de police accoutumé à ne pas rencontrer d'obstacles dans ses entreprises, estimait qu'il ne s'agissait dans cette circonstance que d'enfoncer une porte ouverte (1). »

Ce fut au palais de Saint-Cloud que le Président de la République prit connaissance de ce projet, et qu'il le discuta avec son auteur dans une conférence à laquelle prirent part MM. de Morny, Persigny et Rouher. Le plan de M. Carlier fut unanimement combattu.

« L'opinion qui prévalut fut celle-ci, raconte encore M. Véron : la présence des députés, dans les départements devait faire craindre que par leur influence, par leur autorité sur un grand nombre d'électeurs, ils ne parvinssent à organiser dans des villes importantes une résistance sérieuse ; la guerre civile pouvait ainsi éclater

(1) Véron, *Mémoires d'un Bourgeois de Paris*, t. III, pages 160 et 161. — M. Carlier était arrivé par une série de mesures vexatoires, qui firent l'admiration de M. Véron, à faire détester la police.

sur plusieurs points. Les esprits les plus impatients, les cœurs les plus résolus, reculèrent devant de tels dangers. L'avis de ceux-là était qu'on devait attaquer la Chambre présente à Paris, vider la querelle face à face avec elle, et qu'il serait imprudent et ridicule d'ouvrir une campagne contre des absents. »

La mesure des arrestations fut diversement appréciée.

Le Président voulait qu'on n'arrêtât personne et qu'on fît purement et simplement appel au suffrage universel, afin de garder au moins les apparences de la légalité.

M. de Morny fit observer, au contraire, qu'on n'avait plus à sévir contre des gens en prison, et que des arrestations faites avec intelligence et à temps pouvaient prévenir les malheurs de la guerre civile. Nous verrons qu'au 2 décembre le Président de la République se rangea de l'avis de M. de Morny. Au reste l'influence de ce dernier se manifeste à chaque instant dans le plan qui fut suivi pour la réalisation du coup d'État de telle sorte qu'on pourrait avec beaucoup de fondement l'en considérer comme le véritable auteur.

Un écrivain bonapartiste, M. Belouino, a indiqué les considérations principales, qui enlevaient au projet Carlier de sérieuses chances de réussite :

« Tout était donc prêt du côté de l'armée, dit M. Belouino, pour les éventualités d'un coup d'État. Il fut sur le point d'avoir lieu, lors de la dernière prorogation de l'Assemblée. C'eût été une faute, et une faute grave.

« La France ne voyait pas encore assez clairement les complots parlementaires. Elle aurait pu croire que le prince agissait dans un but d'intérêt personnel et d'ambition. Le préfet de police d'alors y poussait fortement. Beaucoup de personnages dévoués au prince agissaient de même. Ce furent MM. de Saint-Arnaud et Magnan, principalement, qui firent abandonner ce projet.

« Le Président, ses ministres, quelques hauts fonctionnaires, connaissaient les conspirateurs ; mais cela ne suffisait pas. En dissolvant l'Assemblée en pleine paix, on se donnait les apparences de l'illégalité. L'Assemblée pouvait se réunir dans une ville de province, y rendre ses décrets, dresser pouvoir contre pouvoir. Que serait-il advenu ? La moindre conséquence eût été une guerre civile acharnée. Le socialisme n'eût pas hésité à prendre provisoirement la Constitution pour drapeau, et les partis de l'Assemblée eussent accepté pour défenseurs les soldats de la Jacquerie. Tels étaient les motifs puissants qu'invoquaient les adversaires du coup d'État pendant la prorogation. « L'Assemblée trahira bien assez ses complots, disait le général Magnan, *attendons qu'elle nous donne barre* (1). »

Nous ne devons pas omettre un grave motif de désaccord entre le Président de la République et le préfet de police. Ce dernier n'était pas favorable à l'abolition de la loi du 31 mai et à l'extension du suffrage universel.

« M. Carlier, dit un historien du 2 décembre, avait signalé au Président les dangers de 1852, et le remède qu'il croyait efficace. Malheureusement la restitution du suffrage universel, cette grande et héroïque justice qui a sauvé la situation, lui parut inopportune et impraticable. Il se retira (2). »

Le projet de coup d'État, médité par Carlier, avait été trop ébruité pour que la population et les députés répandus dans les départements, ne fussent pas sur leurs gardes (3). Le général Bedeau, président de la commission permanente, parfaitement au courant de ce qui se tramait, avait pris toutes les précautions suffisantes pour mettre le palais de l'Assemblée nationale à l'abri d'un coup de main; il avait même préparé les décrets de réquisition des corps nécessaires à la défense du Palais législatif, et de nomination d'un nouveau commandant en chef de l'armée de Paris.

La retraite de M. Carlier fut suivie de la formation d'un nouveau ministère. Le général Saint-Arnaud fut élevé au ministère de la guerre; M. Maupas fut appelé à la Préfecture de police. Cette crise ministérielle était

(1) Bélouino, *Histoire d'un Coup d'Etat*, page 55.
(2) Mayer, *Histoire du 2 décembre*, p. 24.
(3) Notre pensée intime est que la retraite de M. Carlier eut pour but de donner le change aux députés, et de leur faire croire que la présidence avait renoncé à l'idée d'un coup d'État. M. Carlier, pour faire mieux croire qu'il y avait dissentiment entre lui et la politique de l'Élysée, reprocha à M. de Maupas de le faire surveiller. Dans la comédie qui se jouait, M. Carlier s'était chargé d'endormir la vigilance de M. Changarnier.

déterminée par l'adoption d'un nouveau plan pour exécuter le coup d'État, qui, à raison des bruits répandus
dans le public et des dispositions hostiles de la majorité
de l'Assemblée, ne pouvait être différé. L'Assemblée allait
ouvrir ses sessions le 4 novembre.

## V.

EXPÉDITION DE KABYLIE. — M. DE SAINT-ARNAUD.

Le terrain était préparé depuis longtemps pour un coup
d'État et l'esprit de l'armée avait été suffisamment tra-
vaillé pour que son zèle parût hors de doute. Le général
Magnan, qui avait reçu le commandement de l'armée de
Paris, apportait un dévouement à toute épreuve ; mais
cela n'aurait pas suffi : il fallait gagner l'état-major.

« Le commandant Fleury, maintenant général, rapporte
M. Belouino, se chargea de faire la conquête ou la créa-
tion d'un état-major. Vite, il étudia les cœurs et connut
les dévouements. »

Les historiens du 2 décembre nous apprennent encore
que l'expédition de Kabylie n'avait été décidée que pour
mettre en relief le général Saint-Arnaud, et justifier l'élé-
vation dont il allait être l'objet. On sait combien l'Assemblé nationale hésita à autoriser une de ces expéditions qui ne sont entreprises que pour favoriser telle ou
telle politique secrète, au mépris du droit des gens, et
comme si le sang des peuples ne devait compter pour
rien.

M. Mayer a exposé en ces termes les circonstances
dans lesquelles l'expédition de Kabylie fut résolue :

« ..... Composé comme il l'était encore, l'état-major
général, — les généraux seuls étaient à craindre, — n'offrait peut-être pas d'assez complètes garanties, car les
plus âgés pouvaient manquer d'audace et la grande majorité des plus jeunes figurait dans le parlement. Une

idée toute impériale triompha de cette alternative, et M. de Persigny, cet ardent et infatigable chevalier du napoléonisme, se voua avec enthousiasme à la réalisation de ce mot de génie négligemment jeté par le Président, et dont l'expédition de Kabylie peut expliquer aujourd'hui la profondeur et la portée : « Si nous faisions des généraux ? »

« La graine n'en manquait pas. Un des plus brillants officiers de notre cavalerie, le brave et sympathique commandant Fleury fut chargé d'apprécier les courages, d'évoquer les dévouements, de certifier les espérances. Sa mission ne fut ni longue, ni pénible ; généraux de division ou de brigade, colonels, lieutenants-colonels, aucun de ceux à qui son entraînante parole peignit les dangers du pays n'avait besoin d'être convaincu. Tous avaient une égale horreur du parlementarisme et du socialisme.

« C'est ainsi que les cadets devinrent les aînés et que le cadre de l'armée active s'habitua aux noms de Saint-Arnaud, de Cotte, Marulaz, Espinasse, Rochefort, Feray, d'Allonville, Gardarens de Boisse, de Lourmel, Herbillon, Dulac, Forey, Courtigis, Canrobert et quelques autres (1). »

Le *Constitutionnel* fut invité à emboucher la trompette héroïque pour célébrer les rares mérites et les futures victoires du général Saint-Arnaud dans la Kabylie (2).

M. Véron, dont le journal devait, au lendemain du 2 décembre, contester au général Changarnier l'honneur d'avoir protégé la retraite de l'armée sous les murs de Constantine, M. Véron, disons-nous, n'était pas homme à marchander de tels services, et les couronnes de laurier furent tressées d'avance par le *Constitutionnel* (3).

---

(1) P. Mayer, *Histoire du 2 décembre*, p. 131 à 133.

(2) *Nouveaux Mémoires d'un Bourgeois de Paris*, par Véron, p. 329.

(3) M. Véron a révélé combien était précaire, à cette époque, la situation pécuniaire du Président de la République. Quatre traites de 10,000 francs chacune, tirées par le Président, furent refusées par un banquier célèbre, qui s'appliqua plus tard à faire oublier ce défaut de confiance. Les amis du Président étaient eux-mêmes hors d'état de lui venir en aide.

Le général vainqueur aura désormais le droit de parler en maître à la tribune de l'Assemblée, et d'accabler la représentation nationale de ses sarcasmes, c'est-à-dire de souffleter la nation même, en raison du droit que lui donnait la force.

C'est ce que nous dit expressément M. Paul Belouino.

« Il vient de Kabylie avec toutes ses émotions de dangers courus et de gloire acquise. Toute sa vie, s'il a cru au droit, il a cru au devoir, ces deux pôles régulateurs mis par Dieu au libre arbitre humain ; et vous voulez qu'il prenne au sérieux vos parades parlementaires et vos batailles à coups de scrutin pour des libertés illusoires ! Vous voulez qu'il baisse son épée devant vos questions ridicules, qu'il accepte pour l'armée vos théories d'avocats sur le devoir du soldat ! Il y a quatorze cents ans qu'en France ce devoir est inscrit au cœur de qui porte l'épée. Ce devoir place le glaive du soldat au-dessus des régions où s'agitent vos complots et vos ambitions mesquines. Il le met aux ordres de ceux à qui Dieu confère la mission de protéger ou de sauver un pays, M. de Saint-Arnaud se charge de vous le dire. »

L'esprit de l'armée était entretenu dans les dispositions les plus hostiles au pouvoir législatif. Officiers et soldats relevaient avec dédain ce qu'on appelait alors les *scandales de tribune, les passions égoïstes et les intérêts mesquins, qui compromettent sans cesse l'honneur, le repos et la prospérité du pays.*

On répétait sans cesse dans les casernes que les soldats avaient à prendre leur revanche des *rouges*, qui avaient renversé à peu près sans combat et sous leurs yeux une monarchie qu'ils étaient chargés de défendre, comme si la cause du peuple n'était pas aussi celle de l'armée ; on leur représentait la victoire populaire comme une honte et une humiliation pour le soldat. Une révolution militaire pouvait seule venger le prétendu affront fait à l'honneur du drapeau.

Les banquets de l'Élysée, auxquels avaient été conviés non-seulement les officiers, mais même des milliers de sous-officiers de l'armée de Paris, entretenaient ces excitations.

« Ce n'est un mystère pour personne, dit M. Mayer,

que depuis la révocation du général Changarnier, l'état-major de l'armée dut être et fut effectivement transformé par l'admission successive de cette génération plus jeune, plus intrépide, plus dévouée, pour qui et par qui fut exécutée l'immortelle expédition de Kabylie, véritables cadets de la gloire, presque tous en possession, à l'heure actuelle, de la succession de leurs scrupuleux et constitutionnels aînés. De ces cadets, le plus illustre dut monter le plus haut en grade, et c'est ainsi que M. Leroy de Saint-Arnaud fut appelé au commandement général de l'armée...

« Nature ardente, droiture inflexible, M. de Saint-Arnaud professe, comme tout homme né soldat, le plus franc mépris pour les finesses de la politique et les combinaisons du parlementarisme (1). »

M. Mayer ajoute encore :

«... L'état-major ne comptait plus que des généraux décidés à passer le Rubicon ou à mourir.

« ... Ce qui a fait la discipline de notre armée, et par conséquent sa gloire, c'est qu'en dépit de la civilisation, des journaux et des livres, elle n'a jamais eu des idées, mais des instincts ; elle aime ou elle hait, carrément, complétement, jusqu'à la mort et jusqu'à la frénésie, mais sans calcul, sans restrictions et surtout sans phrases. L'Empire l'a bien prouvé (2). »

La presse réactionnaire s'associait à ces menaces, et s'appliquait à justifier à l'avance un coup d'État, en faisant le tableau imaginaire de la terreur qui suivrait le triomphe des républicains. Ceux-ci étaient représentés comme des gens de sac et de corde, indignes de pitié, des vandales décidés à assurer sur des ruines le triomphe de leur parti, des bandits et des pillards conspirant la ruine de la propriété et le renversement du droit de famille. Tout ce bruit était nécessaire pour discréditer un parti qui, après tout, ne demandait que le maintien de la République et des garanties constitutionnelles. La Constitution proclamait la liberté de la presse et celle de la tribune ; ces droits imprescriptibles avaient été cepend- 

(1) Mayer, *Histoire du 2 décembre*, p. 37 et 38.
(2) Mayer, *Histoire du 2 décembre*, p. 132.

dant depuis longtemps sacrifiés par la réaction, qui voulait y voir les causes de tous nos maux.

Il se trouvait une multitude de gens qui accueillaient ces craintes comme fondées, et acceptaient comme unique moyen de salut l'abdication de la liberté, véritable suicide moral de la nation. La conspiration de la peur, dont M. Romieu fut l'un des plus habiles complices dans son fameux *Spectre rouge*, exploitait contre la République les craintes et les méfiances qui eussent été mieux justifiées par la menace d'un coup d'État. Nous n'hésitons aucunement à attribuer à cette dernière cause la suspension des transactions commerciales et des travaux industriels qui se produisit en 1851.

Les craintes qu'on répandait dans les masses avaient-elles un fondement sérieux ?

Assurément non.

Une majorité républicaine, prenant la direction des affaires en 1852, et lui imprimant une marche libérale n'eût-elle pas tout aussi bien fermé l'ère des révolutions, qu'un gouvernement qui remettait en question toutes les conquêtes du passé ?

De deux choses l'une : ou le spectre rouge était une réalité, et alors on était fondé à se méfier du suffrage universel qui menaçait, disait-on, d'envoyer à l'Assemblée nationale — et c'était là le cataclysme prévu, — une majorité franchement républicaine et qui eût déchaîné, nous ne savons quelle horde de brigands qui n'apparaissaient nulle part, mais que l'enfer eût certainement vomis pour le besoin de la cause ; ou bien ce *spectre* n'était qu'un mensonge, une conception machiavélique, sortie du cerveau de quelques écrivains, pour épouvanter le peuple, et l'amener, suffisamment amendé, converti et repentant, dans les bras d'une restauration quelconque.

Mais la preuve que le danger si terrible n'était réellement qu'un *spectre*, c'est que ceux qui redoutaient si fort l'échéance de 1852, étaient précisément les mêmes qui s'associaient à la démocratie pour protester contre la loi du 31 mai, restrictive du suffrage universel ; et demandaient le retour à la loi constitutionnelle : tout le suffrage universel, disaient-ils, rien que le suffrage universel !

Le *spectre rouge* était un programme, une sorte de

mot d'ordre donné à tous les organes du parti bonapartiste, qui renchérissaient à qui mieux mieux sur le spectacle des horreurs réservées à la France si elle ne [se jetait pas dans les bras d'un dictateur quelconque. Il peut être instructif aujourd'hui de mettre une courte citation des écrits de cette époque sous les yeux du lecteur :

« Non, écrivait M. Belouino en 1852, Louis-Napoléon ne pouvait pas hésiter, car la conspiration parlementaire, fomentée contre la République, servait de manteau à une conspiration communiste ourdie contre la société. Pendant que les légitimistes et les orléanistes agitaient la Législative par leurs passions et leurs intrigues, les démagogues et les socialistes enlaçaient le pays dans un vaste et ténébreux réseau d'associations secrètes, qui rayonnait de Paris dans le nord, l'ouest et le centre ; et de Lyon dans tous les départements du midi. Une terrible Jacquerie s'organisait dans les campagnes pour l'incendie et la dévastation ; dans les villes, pour le massacre et le pillage. C'était comme une invasion de barbares qui se préparait dans les antres de l'anarchie, prête à couvrir la France civilisée de cendres et de ruines. Cette conspiration avait son gouvernement, son état-major, son armée, ses capitaines, ses soldats, ses plans, ses arsenaux, ses munitions, ses places fortes. Elle devait éclater, au nord, au midi, à l'ouest, à l'est et au centre, à la même heure, de telle sorte que le socialisme aurait livré bataille à la société sur toute l'étendue du territoire de la République. Si courageuse et si habile que pouvait être la défense, une aussi formidable attaque aurait été comme un de ces ouragans qui passent, mais qui laissent après eux d'irréparables désastres et d'éternelles ruines. »

Après cette citation, il n'y a plus rien à dire ; elle nous donne la mesure des élucubrations journalières du *Constitutionnel* et des autres écrivains bonapartistes. On se demande si c'était bien sérieusement qu'on nous parlait de cette grande armée du meurtre et du crime, de cette invasion de barbares prête à couvrir la France de ruines ?

Quoi qu'il en soit, la situation faite à la France, à la fin de 1851, était anormale ;

« Il faut en finir, disaient les républicains, avec les menaces de coup d'État, avec les conspirations de la majorité de l'Assemblée ou de la présidence. »

« Il faut en finir, disaient à leur tour ceux qui préparaient la restauration du trône impérial, avec l'Assemblée législative, avec la Constitution et les institutions républicaines. »

Et ces derniers présentaient le Président de la République comme le sauveur obligé de la société. Il représentait *la force*, et c'était là le principal titre que semblaient mettre en avant M. Romieu et les écrivains de son parti.

Empruntons, pour édifier nos lecteurs à cet égard, quelques citations au *Spectre rouge* :

« Il faut, en ce pays volcanisé (la France), une armée à part, comme est l'armée anglaise; où le soldat a sa carrière faite pour la vie, sûr d'une retraite à la fin de ses jours, et ne rêvant jamais à son clocher. Il n'y a pas, en Angleterre, un seul homme du peuple qui sache manier le fusil. Quelles que soient, dans un avenir possible, les émeutes sérieuses de Birmingham ou de Manchester, quels que soient les tumultes des districts manufacturiers au début d'une crise industrielle, l'apparition d'une compagnie de grenadiers suffira toujours pour rétablir l'ordre. C'est ainsi seulement que la FORCE reste complète, et qu'elle reste aux seules mains des gouvernements. Ils n'en ont que trop besoin aujourd'hui, et doivent le comprendre, s'ils se souviennent d'un passé récent.

« Tout est là, en effet. Comparez deux spectacles : allez à l'Assemblée législative, qui représente ce que, dans le jargon actuel, on appelle l'*idée*; voyez de haut, — comme est placé le public, — ces crânes chauves ou blanchis qui sembleraient devoir recouvrir la sagesse ; vous n'entendrez que bruit, murmures, exclamations, injures ; vous assisterez à un tel tapage, à un tel échange de lazzis grossiers; à une séance de collége en rumeur, si peu digne de l'âge et des précédents de ceux qui s'y montrent, qu'il vous naîtra dans l'âme une dédaigneuse tristesse en songeant aux institutions qui nous régissent.

« Allez, au contraire, visiter quelque citadelle, celle de Vincennes, par exemple, qui est si près de Paris : vous serez saisi, j'en suis sûr, d'un solennel respect, au premier coup d'œil jeté sur cette haute tour, qui représente les vieux temps de force. Elle est encore debout, avec ses solides assises, tout comme au temps de Philippe le Hardi, semblant dire à nos maîtres, les avocats, que leurs paroles ne fonderont rien d'aussi durable. Puis pénétrez dans les cours, et voyez cette longue file de canons, ces rangées de boulets, ces gardes silencieuses qui veillent aux portes, ces saluts de chacun aux chefs qui passent, cet ORDRE enfin, dont vous avez tant soif aujourd'hui dans la vie civile, parce que le désordre s'y est jeté avec votre éducation, parce que vous en souffrez et que vous en prévoyez l'épouvantable suite; et si vous faites, de sang-froid, la comparaison, vous conviendrez que le faux est chez vous, et le vrai dans la forteresse.

« Le vrai c'est le simple, partout et toujours. C'est l'unité, qui est l'extrême du simple ; l'unité, fondement du dogme catholique, fondement du dogme militaire. Aussi, l'Église et l'armée ont-elles résisté à tous les assauts de la démence furieuse suscitée par le dogme absurde de la Raison. L'une et l'autre vivent encore et se rajeunissent, au milieu du vaste cimetière où s'entassent les systèmes politiques et philosophiques, dont s'épuise, j'en ai l'espoir, la dernière génération. Oh! Foi et Force, leviers uniques des mouvements humains, il n'y a rien, en dehors de vous, que d'impuissant et de factice !

« Mais la Force, dans nos temps, est seule maîtresse. On peut toujours l'organiser, quelles que soient les croyances et les mœurs. C'est elle qui décidera toutes choses, jusqu'à la fin de ce siècle maudit.

« Si rapide que soit la secousse imminente, si long que puisse être son prolongement, un jour viendra où, même en l'absence d'une armée, vingt hommes se réuniront pour résister aux cannibales du monde nouveau. Ces vingt hommes seront déjà une armée, comme le fut, il y a soixante ans, le premier rassemblement vendéen.

« On comprend la suite.

« Le combat matériel, en dépit des idéologues, ne cessera jamais d'être la suprême sanction des faits.

« Le fléau passager de l'IDÉE se dissipe à l'immuable apparition de la FORCE.

« Il est bien temps que le remède opère ! et ce sera justice. Je ne regretterai pas d'avoir vécu dans ce triste temps, si je puis voir, une bonne fois, châtier et fustiger la FOULE, cette bête cruelle et stupide, dont j'ai toujours eu l'horreur.

« Regardez-la, quel que soit son costume, blouse ou habit, quelles que soient ses mœurs, son éducation, ses croyances : dans un salon, où l'on se presse pour voir et entendre mieux ; à la porte d'un théâtre où l'on veut entrer, dans le théâtre même où l'on s'impatiente, et où *l'esprit* consiste à frapper des pieds et des cannes, sur le parquet, dans cet ignoble rhythme qui est devenu presque historique, sous le nom de *l'air des lampions* ; sur la place publique, à l'aube du jour, lorsqu'une tête va tomber sous le couteau de la guillotine ; regardez la foule, partout et toujours, et vous la trouverez, non pas folle, mais imbécile, mais brutale et niaise à faire vomir. Il semble, dès que les hommes sont réunis en masse, qu'un magnétisme de bêtise et de vulgarité se développe, et change subitement d'honnêtes gens en crétins ou en furieux.

« Et la foule gouverne, et c'est son gouvernement qu'on a voulu !

« Ce ne sera pas trop, pour la revanche de nos déceptions, que d'assister à la déchéance de ce sale empire, proclamé par nous tous dès notre jeunesse, et dont nous avons été les prétoriens ; pauvres soldats aveugles, dressés au tapage et à la révolte par ceux qui devaient nous enseigner l'ordre et la soumission. Mais, hélas ! ils avaient reçu ces leçons eux-mêmes de nos grands-pères, les amis de J.-J. Rousseau ! Ce rhéteur sinistre n'eût pas fait grand mal, s'il n'eût écrit que son Discours sur l'inégalité des conditions, pour prouver que la vie sauvage est l'Eden réel.

« Mais sa malfaisante éloquence n'a que trop tôt quitté ce thême d'écolier paradoxal ; elle s'est jetée, avec le pressentiment du succès, à la conquête des idées contemporaines. Nul, à coup sûr, ne se fût empressé, sur la parole du Génevois, à retourner dans les forêts pour y vivre de glands et d'herbes.

« Mais lorsqu'il vint à parler d'un CONTRAT SOCIAL, dont la tradition se retrouvait en son esprit, et qu'il en formula, dans ce style sonore dont le retentissement n'est pas éteint, les menaçants articles ; lorsqu'il vint lire à la société assoupie l'acte étrange et nouveau qui refaisait un droit perdu, ce fut un cri universel, et un universel bouleversement à la voix de ce terrible notaire.

« Un siècle entier s'en est suivi, dont nous savons la démence. Il a fallu l'épreuve de ces théories appliquées, pour qn'on ose aujourd'hui proclamer leur néant. La minute est proche où le fatras philosophique ira rejoindre, dans la poussière des bibliothèques, le fatras scolastique dont s'émerveillèrent nos aïeux. La minute est proche où les derniers prêcheurs de cette doctrine pourront s'écrier, comme Job :

« J'ai parlé, en insensé, de choses qui dépassaient mon intelligence (1) ! »

« Nous verrons donc, je l'espère, finir les saturnales au milieu desquelles nous sommes nés. Ce sera dans des flots de sang que se fera cette rénovation de la marche humaine. Mais le mouvement sera prompt, si terrible qu'il doive être. Bientôt surgira le chef pour apaiser ce tumulte immense. Qui est-il, et peut-on le deviner ? Non ce soir, ni demain sans doute ; mais il existe, et nous l'avons vu passer : quelqu'un de ces hommes devant lesquels on se range, et devant lesquels, par instinct, on se lève, comme était Stilicon, obscur encore avant que Claudien le chantât (2).

« Quel qu'il soit, son rôle est simple. Prendre, d'une main ferme, la dictature la plus absolue, et se substituer

---

(1) Insipiter locutus sum, et quæ ultrà modum excederent scientiam meam.

(*Livre de Job*, ch. 42.)

(2) ..... Quacumque alte gradereris in Urbe,
Cedentes spatiis, assurgentesque videbas,
Quamvis miles adhuc.

(CLAUDIEN, *De laudibus Stilichonis.*)

à tous les *textes* qui nous ont gouvernés depuis soixante ans.

« Car ce sera plus tard une curieuse recherche pour les penseurs, que d'expliquer comment, dans la durée d'un siècle, l'Europe s'est prise de soumission et de respect pour des morceaux de papier. L'histoire, depuis les premiers âges, nous avait montré, jusqu'à nos jours, l'homme dirigé par l'homme ; quelque héros, quelque sage, quelque habile, avaient gouverné les nations. La conquête armée changeait, par intervalles, les distributions d'empires. C'était enfin l'intervention humaine qui agissait sur les événements. Nous venons d'assister à un étrange phénomène : ce n'est plus l'homme qui agit ; c'est une phrase imprimée, qu'on nomme *Loi*, après qu'elle a subi toute sorte d'injures hautement proférées par la moitié — moins un — des législateurs.

« Donc, à l'heure suprême du combat, que l'imprévu peut faire sonner demain, celui qui sera vainqueur, — qu'il soit le chef actuel de l'Etat, ou qu'il naisse des circonstances, — celui qui, survivant à la mort des chefs, ou faisant mieux qu'eux-mêmes, général, colonel ou sergent ; celui, enfin, qui le dernier essuiera son sabre après l'insurrection terrassée, pourra marquer sa place dans la liste des hommes utiles et grands. Il n'aura qu'à souffler sur le château de cartes de 1789, et à dire, à son tour : L'ÉTAT C'EST MOI. Celui-là pourra donner à la France le seul gouvernement qui lui soit propre, et le seul qu'elle puisse aimer, en dépit des rhéteurs qui l'en ont détournée à leur usage ; c'est-à-dire un gouvernement fort, brillant, glorieux, comme furent ceux de Louis XIV et de Napoléon. La France aime l'éclat, la splendeur, les récits guerriers ; elle aime les fêtes militaires, et le souvenir lui reste des vieux carrousels. C'est en vain qu'on a voulu l'assouplir au piteux régime des discours et des scrutins. Le peuple s'y est si peu fait qu'il en a honte, et qu'au nom de cette honte les démagogues ont soulevé, chez lui, les violents courroux que vous voyez contre l'ordre social.

« Celui qui surgira dans la grande crise prochaine sera indigne de l'immense rôle dont Dieu l'aura pourvu, s'il laisse subsister un seul. des éléments désorganisateurs sous l'action desquels nous vivons depuis notre enfance. Tout est à briser, tout est à refaire dans l'arrangement monstrueux de nos institutions.

« ..... Je bénirai le Ciel si j'assiste au jour où cet échafaudage de folies s'écroulera. Si je puis voir enfin balayer cette fange dans laquelle se roule orgueilleusement notre génération ; voir tomber, d'un seul coup, la chaire menteuse de nos philosophes, et les tribunes de tout rang qu'ils ont édifiées, je chanterai, de grand cœur et dussé-je en mourir, le cantique de Siméon.

« Car, ce jour-là, le monde sera revenu d'une grave maladie, et tellement grave qu'il y périrait, si Dieu n'était toujours là pour le guérir à temps.

« Ne désespérons pas. Il sera versé du sang et des larmes. La misère étendra son froid réseau sur le peuple abusé ; il sera violent, plein de désespoir et de rage ; il sera châtié durement, et par la famine et par les boulets ; les bourgeois consternés subiront la crise, avec ses phases diverses, sans rien comprendre à ce tumulte colossal qui les décimera ; mais à la fin de ces grands désastres, qui, je le crois, peuvent être courts, un pouvoir fort s'établira pour ouvrir l'ère nouvelle de l'autorité. Elle passera dans beaucoup de mains, qui se la disputeront par les armes. Mais, au moins, les sophismes ne seront plus en jeu, avec leurs terribles conséquences ; il vaut mieux voir le peuple se battre pour César que pour les ateliers nationaux (1). »

(1) Nous avons tenu à faire une longue citation du livre de M. Romieu, qui, à cette époque, produisit un si grand effet. Et aujourd'hui, ainsi que le disait hier M. Eugène Pelletan, qui songe à Romieu? pas même le hanneton, son ennemi personnel. Ce farceur lugubre qui, après une jeunesse de polissonnerie, avait atteint au mandarinat de préfet..., son livre, le Spectre rouge, avait été écrit dans une attaque d'épilepsie morale, pour surexciter la poltronnerie de cette partie de la France spécialement peureuse. Il avait osé aventurer cette phrase, la plus honteuse qui ait été exprimée dans la langue française : Il faut le canon pour nous sauver, dût-il venir de la Russie.

Les temps rêvés par Romieu arrivèrent ; la tribune fut renversée et il put chanter sans en mourir le cantique de Siméon ; mais les canons russes qu'il avait invoqués furent funestes aux siens ; Romieu, qui était devenu directeur général des Beaux-Arts, fonction qu'il échangea plus tard contre celle d'inspecteur général des bibliothèques de

## IV.

MESSAGE DU PRÉSIDENT. — DEMANDE D'ABROGATION DE LA LOI
DU 31 MAI. — SINGULIÈRE SITUATION FAITE A LA GAUCHE DE
L'ASSEMBLÉE. — ILLUSIONS DES RÉPUBLICAINS. — CIRCULAIRE
DU GÉNÉRAL SAINT-ARNAUD.

A la séance d'ouverture de l'Assemblée nationale, le 4
novembre, le Président de la République envoya son
message, qui devint, entre l'Assemblée et la présidence,
le signal d'une lutte ouverte. On y lisait, à la suite d'une
protestation de fidélité à la Constitution :

« Déjà, disait-il, dans mon dernier Message, mes paroles à ce sujet, je m'en souviens avec orgueil, furent
favorablement accueillies par l'Assemblée. Je vous disais :
L'incertitude de l'avenir fait naître, je le sais, bien des
appréhensions en réveillant bien des espérances. Sachons
tous faire à la patrie le sacrifice de ces espérances, et ne
nous occupons que de ses intérêts. Si, dans cette session,
vous votez la révision de la Constitution, une Constituante viendra refaire nos lois-fondamentales, et régler
le sort du pouvoir exécutif. Si vous ne la votez pas, le
peuple, en 1852, manifestera solennellement l'expression
de sa volonté nouvelle. Mais, quelles que puissent être
les solutions de l'avenir, entendons-nous, afin que ce ne
soit jamais la passion, la surprise ou la violence qui dé-
cident du sort d'une grande nation. Aujourd'hui, les
questions sont les mêmes, et mon devoir n'a pas changé. »

Le rétablissement du suffrage universel était demandé
dans les termes suivants :

« Je me suis demandé s'il fallait, en présence du dé-
lire des passions, de la confusion des doctrines, de la division des partis, alors que tout se ligue pour enlever à

la couronne, eut son fils tué au début de la guerre do Crimée.
Cette perte lui fut des plus sensibles, et, le 20 novembre 1855, il
mourait lui même, brisé par la douleur.

la morale, à la justice, à l'autorité leur dernier prestige, s'il fallait, dis-je, laisser ébranlé et incomplet le seul principe qu'au milieu du chaos général la Providence ait maintenu debout pour nous rallier. Quand le suffrage universel a relevé l'édifice social, par cela même qu'il substituait un droit à un fait révolutionnaire, est-il sage d'en restreindre plus longtemps la base? Enfin, je me suis demandé si, lorsque des pouvoirs nouveaux viendront présider aux destinées du pays, ce n'était pas d'avance compromettre leur stabilité que de laisser un prétexte de discuter leur origine et de méconnaître leur légitimité.

« Le doute n'était pas possible, et, sans vouloir m'écarter un instant de la politique d'ordre que j'ai toujours suivie, je me suis vu obligé, bien à regret, de me séparer d'un ministère qui avait toute ma confiance, pour en choisir un autre, composé également d'hommes honorables connus par leurs sentiments conservateurs, mais qui voulussent admettre la nécessité de rétablir le suffrage universel sur la base la plus large possible.

« Il vous sera donc présenté un projet de loi qui restitue au principe toute sa plénitude......

« Ce projet n'a rien qui puisse blesser cette assemblée; car, si je crois utile de lui demander aujourd'hui le retrait de la loi du 31 mai, je n'entends pas renier l'approbation que je donnai alors à l'initiative prise par le ministère, qui réclama, des chefs de la majorité dont cette loi était l'œuvre, l'honneur de la présenter.

« En se rappelant les circonstances dans lesquelles elle fut présentée, on avouera que c'était un acte politique plus qu'une loi électorale, une vraie mesure de salut public ; mais les mesures de salut public n'ont qu'un temps limité.

« La loi du 31 mai, dans son application, a même dépassé le but qu'on pensait atteindre. Personne ne prévoyait la suppression de trois millions d'électeurs, dont les deux tiers sont habitants paisibles des campagnes. Qu'en est-il résulté ? C'est que cette immense exclusion a servi de prétexte au parti anarchique, qui couvre ses détestables desseins de l'apparence d'un droit ravi à reconquérir. Trop inférieur en nombre pour s'emparer de

la société par le vote, il espère, à la faveur de l'émotion
générale et au déclin des pouvoirs, faire naître, sur plusieurs points de la France à la fois, des troubles qui seraient réprimés sans doute, mais• qui nous jetteraient
dans de nouvelles complications.

. . . . . . . . . . . . . . . . . . . . . . .

« Une autre raison décisive appelle votre attention.

« Le rétablissement du vote universel, sur sa base ra-
tionnelle, donne une chance de plus d'obtenir la révision
de la Constitution. Vous n'avez pas oublié pourquoi,
dans la session dernière, les adversaires de cette révision
se refusaient à la voter. Ils s'appuyaient sur cet argument qu'ils savaient rendre spécieux : La Constitution,
disaient-ils, œuvre d'une assemblée issue du suffrage de
tous, ne peut pas être modifiée par une assemblée née
du suffrage restreint. Que ce soit là un motif réel ou un
prétexte, il est bon de l'écarter et de pouvoir dire à ceux
qui veulent lier le pays à une constitution immuable :
« Voilà le suffrage universel rétabli. » La majorité de
l'Assemblée, soutenue par deux millions de pétitionnaires,
par le plus grand nombre des conseils d'arrondissement,
par la presque totalité des conseils généraux, demande
la révision du pacte fondamental. Avez-vous moins confiance que nous dans l'expression de la volonté populaire?
La question se résume donc ainsi pour tous ceux qui sou-
haitent le dénoûment pacifique des difficultés du jour.

« La loi du 31 mai a ses imperfections; mais fut-elle
parfaite, ne devrait-on pas également l'abroger, si elle
doit empêcher la révision de la Constitution, ce vœu manifeste du pays ?

. . . . . . . . . . . . . . . . . . . . . . .

« La proposition que je vous fais, Messieurs, n'est ni
une tactique de parti, ni un calcul égoïste, ni une résolution subite; c'est le résultat de méditations sérieuses et
d'une conviction profonde. Je ne prétends pas que cette
mesure fasse disparaître toutes les difficultés de la situation. Mais à chaque jour sa tâche. Aujourd'hui, rétablir
le suffrage universel, c'est enlever à la guerre civile son
drapeau, à l'opposition son dernier argument. Ce sera
fournir à la France la possibilité de se donner des insti-
tions qui assurent son repos. Ce sera rendre aux pouvoirs

à venir cette force morale qui n'existe qu'autant qu'elle repose sur un principe consacré et sur une autorité incontestable. »

La proposition était habile ; car le Président de la République était bien certain, en demandant le rétablissement du suffrage universel, de diviser l'Assemblée et par suite de l'affaiblir. En effet le parti républicain, devait accueillir avec empressement ce retour à la constitution ; tandis que la majorité persisterait à maintenir une loi dirigée surtout contre l'ambition du chef du pouvoir exécutif. Malheureusement la situation faite à la gauche était telle qu'elle ne pouvait peser dans l'un des plateaux de la balance que pour donner la victoire à la présidence ou à la coalition parlementaire, personnifiée par le général Changarnier.

Dans ce conflit, l'avantage était évidemment du côté de la présidence, qui s'appuyait sur les innombrables pétitions par lesquelles on réclamait l'abrogation de la loi du 31 mai.

Les bonapartistes avaient donc à craindre que la gauche républicaine, disposée à se prononcer pour celui des deux partis rivaux qui lui inspirerait le moins d'ombrage et à le renverser ensuite, ne crût que Louis-Napoléon était plus fortement armé que l'Assemblée nationale. Ainsi s'expliquaient ces déférences que le chef du pouvoir exécutif parut avoir jusqu'au dernier moment pour l'autorité législative même au plus fort de la lutte. Les républicains en furent la dupe en ce sens qu'ils attribuèrent à la majorité antirépublicaine, protégée par la constitution, plus de puissance et de vitalité qu'au chef du pouvoir exécutif. Cette erreur devait amener leur perte.

Néanmoins les républicains virent dans le rétablissement du suffrage universel un hommage rendu au peuple souverain, ne pouvant concevoir qu'il fût dans la pensée du Président de la République de se servir de ce même suffrage pour établir une dictature impériale. Au surplus, ils espéraient encore que la majorité de l'Assemblée nationale, cédant à la pression de l'opinion publique revenant de son égarement momentané, et rendant ainsi hommage aux institutions républicaines qu'elle avait constamment combattues, n'oserait pas maintenir la loi de méfiance

qui lui avait été inspirée par le souvenir de nos discordes
civiles et la crainte de leur retour. Pendant quelques
jours on parut respirer plus librement ; on ne songeait
déjà plus à la terreur qui avait été annoncée comme le
résultat du maintien de la constitution républicaine ; on
parlait même de se préparer à la grande lutte pacifique
de mai 1852 autour de l'urne électorale ; de tant de
bruit et d'agitations il ne devait bientôt plus rester qu'un
souvenir amer sans doute, mais qui n'aurait eu aucune
conséquence sur les destinées de la nation. On oubliait les
menaces des ennemis de la République ; la crainte même
d'un coup d'État semblait écartée. On pensait d'ailleurs
qu'un complot tramé par le Président ne pouvait réussir
qu'à la condition d'être dirigé par des hommes impor-
tants et dont la célébrité fût un gage de succès. Or, de
tels hommes n'apparaissaient pas autour du Président de
la République.

On n'imaginait point que le coup d'État pût être
exécuté par des hommes nouveaux. On contestait même
aux généraux sortis de l'expédition de Kabylie et aux autres généraux de promotion récente une influence égale
à celle des Changarnier, des Lamoricière, des Bedeau, etc.
Telles furent les courtes illusions des républicains.

La majorité parlementaire, plus clairvoyante, s'alar-
mait du rapprochement qui semblait s'être opéré entre
la gauche et la présidence, sur le terrain du rétablissement du suffrage universel ; elle s'indignait de ce que
l'abrogation de la loi du 31 mai fût demandée précisément par le chef du pouvoir exécutif, qui avait consenti
autrefois à ce qu'elle fût présentée comme une digue à
opposer aux efforts et aux tentatives des républicains.
L'accord de la présidence et de l'Assemblée, à cette époque, ne pouvait en effet être contesté. On rappelait à ce
propos le mot brutal de Lagrange à la tribune, lors de la
présentation du projet de loi relatif à l'augmentation de
la dotation présidentielle :

« L'Assemblée vient de payer au Président un pot-de-
vin de trois millions, pour solder le décret de la violation
du souverain (1). »

(1) *Séance de l'Assemblée législative du 8 juin* 1850.

Enfin ce qui achevait d'entretenir les soupçons de la majorité, c'est que la loi du 31 mai avait été appuyée par la présidence pour empêcher le triomphe de la démocratie socialiste et que son abrogation était demandée par le même pouvoir, dans un temps où le danger, loin de disparaître, n'avait fait qu'augmenter à l'approche des élections générales.

Des membres de la coalition parlementaire trouvaient tellement étrange et inexplicable l'entente momentanée qui venait de se faire entre la présidence et les républicains, qu'ils criaient déjà à la trahison. Beaucoup d'esprits accueillirent de bonne foi cette absurde supposition.

Les chefs de la droite ne doutaient plus que le coup d'État ne fût à la veille d'éclater.

M. de Thorigny, ministre de l'intérieur, déposa, immédiatement après la lecture du message, le projet d'abrogation de la loi du 31 mai. L'urgence fut aussitôt demandée, et fortement appuyée par la gauche. Cependant la droite s'y opposa après des débats tumultueux. M. Berryer, crut embarrasser le ministère en demandant la nomination immédiate d'une commission parlementaire, qui, avant toute discussion de loi entendrait les ministres, recueillerait des informations et publierait solennellement le résultat de cette enquête sur la situation du pays. Mais M. de Thorigny, répondit à cette proposition :

« Que voulez-vous ? Des explications ?

« Nous allons vous les donner.

« Les voulez-vous demain ? Les voulez-vous sur-le-champ ? Parlez ; nous sommes prêts à vous répondre. »

La discussion immédiate eût mis en relief la profonde scission qui existait entre la majorité et la gauche ; une enquête, au contraire, eût pu changer les dispositions des uns et des autres, et peut-être les rallier autour d'un comité de salut public. Le langage du ministère était donc fort habile. Il ne fut pas donné suite à la proposition de M. Berryer.

L'Assemblée préféra attaquer immédiatement le chef du pouvoir exécutif, en relevant une circulaire du général Saint-Arnaud, ministre de la guerre qui contestait implicitement le droit des mandataires de la nation de pourvoir à leur propre sûreté. On lisait dans cette circulaire adressée aux généraux de l'armée de Paris, les passages suivants :

« Plus que jamais, dans les temps où nous sommes, le véritable esprit militaire peut assurer le salut de la société.

« Mais cette confiance que l'armée inspire, elle le doit à sa discipline ; et nous le savons tous, général, point de discipline dans une armée où le dogme de l'obéissance passive ferait place au droit d'examen.

« Un ordre discuté amène l'hésitation ; l'hésitation la défaite.

« Sous les armes, le règlement militaire est l'unique loi.

« La responsabilité, qui fait sa force, ne se partage pas ; elle s'arrête au chef de qui l'ordre émane ; elle couvre à tous les degrés l'obéissance et l'exécution. »

Cette pièce révélait suffisamment l'intention du chef du pouvoir exécutif d'employer l'armée contre l'Assemblée nationale, en faisant appel à l'obéissance absolue, à la soumission aveugle aux ordres d'un chef qui assumait sur sa tête la responsabilité de ses actes, mais qui n'entendait pas qu'on les discutât. La circulaire du général Saint-Arnaud, en mettant en question le droit de réquisition par l'Assemblée des forces dont elle croirait devoir s'entourer, portait atteinte à l'article 32 de la Constitution, qui portait :

« L'Assemblée nationale détermine le lieu de ses séances. Elle fixe l'importance des forces militaires établies pour sa sûreté, et elle en dispose. »

D'autres symptômes contribuèrent encore à alarmer les esprits.

Quelque temps avant la fameuse séance du 17, raconte M. Bélouino, le général Magnan avait réuni dans son salon tous ses officiers généraux :

— « Messieurs, leur avait-il dit, il peut se faire que d'ici à peu de temps votre général en chef juge à propos de s'associer à une détermination de la plus haute importance. Vous obéirez passivement à ses ordres. Toute votre vie, vous avez pratiqué et compris le devoir mili-

taire de cette façon-là. Du reste, avait-il ajouté, si quelqu'un de vous hésitait à me suivre dans cette voie, qu'il
le dise; nous nous séparerions et ne cesserions pas de
nous estimer. Vous comprenez ce dont il s'agit; les circonstances sont d'une immense gravité. Nous devons
sauver la France; elle compte sur nous. Mais, quoi qu'il
arrive, ma responsabilité vous couvrira. Vous ne rece-
vrez pas un ordre qui ne soit écrit et signé de moi. Par
conséquent, en cas d'insuccès, quel que soit le gouvernement qui vous demande compte de vos actes, vous n'aurez qu'à montrer, pour vous garantir, ces ordres que vous
aurez reçus. Seul responsable, c'est moi, Messieurs, qui
porterai, s'il y a lieu, ma tête à l'échafaud ou ma poitrine à la plaine de Grenelle. »

Le général Reybell, le doyen de tous, prit la parole :

« Personne ne m'a chargé de parler, général, dit-il,
pourtant je le fais au nom de tous. Vous pouvez compter
que nous vous suivrons, et que nous voulons engager
notre responsabilité à côté de la vôtre. »

M. Belouino ajoute :

« Il n'y eut pas imprudence à parler ainsi; le général
en chef s'adressait à l'honneur des généraux sous ses
ordres. D'un autre côté, c'était nécessaire; car il fallait
qu'au moment venu il pût compter sur chaque chef de
corps (1). »

M. Granier de Cassagnac rapporte la même scène, qu'il
place au 26 novembre. Les vingt et un généraux alors
réunis étaient MM. Magnan, Cornemuse, Hubert, Salle-
narre, Carrelet, Renault, Levasseur, de Cotte, Bourgon,
Canrobert, Dulac, Sauboul, Forey, Rippert, Herbillon,
Marulaz, de Courtigès, Corte, Tartas, d'Allonville et
Reybell (2).

---

(1) Bélouino, *Histoire d'un Coup d'État*, p. 59 et 60.

(2) La biographie du général Magnan nous offre un fait qui ne
peut être passé sous silence, et qui se produisit lors de l'affaire de
Boulogne On ne peut croire qu'il explique les rapports qui s'éta-
blirent plus tard entre le général Magnan et le prince Louis-Napoléon,
mais on y trouve néanmoins des révélations piquantes, qui sont
sorties de la bouche du général. Celui-ci commandait la place de
Lille au moment où le prince débarqua à Boulogne; il reçut alors
la visite d'un ami, M. Mésonan, qui était également lié avec le
prince. M. de Mésonan avait été chargé de faire certaines ouvertures

L'Assemblée nationale était, comme on le voit, mise en demeure de prendre une attitude énergique devant la menace d'un coup d'État, ou de résilier son mandat entre les mains du Président et de s'incliner devant la force. C'est alors que la majorité législative mit en avant le fameux projet, connu sous le nom de *proposition des*

au général Magnan. Celui-ci raconta en ces termes, devant la Cour des pairs, les diverses circonstances de cette entrevue :

« Le 17 juin, le commandant Mésonan, que je croyais parti, entre dans mon cabinet, annoncé comme toujours par mon aide de camp. Je lui dis : « Commandant, je vous croyais parti.

— « Non, mon général, je ne suis pas parti. J'ai une lettre à vous remettre.

— « Une lettre pour moi, et de qui ?

— « Lisez, mon général.

« Je le fais asseoir, je prends la lettre ; mais au moment de l'ouvrir, je m'aperçus que la suscription portait : *A monsieur le commandant Mésonan.* Je lui dis : Mais, mon cher commandant, c'est pour vous, ce n'est pas pour moi. « — Lisez, mon général ! » J'ouvre la lettre et je lis :

« Mon cher commandant, il est de la plus grande nécessité que
« vous voyiez de suite le général en question ; vous savez que c'est
« un homme d'exécution et sur qui on peut compter ; vous savez
« aussi que c'est un homme que j'ai noté pour être un jour maréchal
« de France. Vous lui offrirez 100,000 francs de ma part, et vous
« lui demanderez chez quel banquier ou chez quel notaire il veut
« que je lui fasse compter 300,000 francs, dans le cas où il perdrait
« son commandement. »

« Je restai stupéfait, je fus comme anéanti, je ne trouvai en ce moment aucune parole à dire ! L'homme que j'avais reçu chez moi, que j'estimais et dont je croyais être estimé, me remettait cette lettre à brûle-pourpoint sans m'avoir jamais parlé du prince Napoléon, sans que, dans ma conduite ou dans mes discours, rien ait pu donner ouverture à une pareille communication !

« Cependant, l'indignation que je ressentais se calma ; je pris la lettre en tremblant, et je dis : « Commandant ! à moi, à moi une pareille lettre ! je croyais vous avoir inspiré plus d'estime. Jamais je n'ai trahi mes serments, jamais je ne les trahirai. Mais vous êtes fou, commandant ; mon attachement, mon respect pour la mémoire de l'Empereur ne me feront jamais trahir mes serments au Roi. » Je remis la lettre au commandant en lui disant que c'était un parti ridicule et perdu. Le commandant était interdit, pâle, inquiet. Malgré mon irritation, j'en eus pitié. Je l'avoue, mon devoir, je ne l'ai pas fait, c'était d'envoyer au ministre de la guerre cette lettre dont on abuse aujourd'hui pour me faire passer pour un dénonciateur » (*Moniteur* du 1er octobre 1840.) Le commandant, qui à la suite du coup d'État devint député de Quimper, a toujours soutenu que la déposition du général Magnan devant la Chambre des pairs ne ressemblait en rien à ce qui s'était passé entre eux.

*questeurs*. Mais avant de faire connaître les débats et les décisions sur cette question, disons un dernier mot du projet d'abrogation de la loi du 31 mai, auquel la proposition des questeurs avait pour objet de répondre.

L'Assemblée était visiblement ébranlée après le dépôt du rapport de la commission et les débats qui intervinrent après la première lecture du projet de loi. La gauche espérait déjà que la majorité se diviserait, et que, sacrifiant la loi du 31 mai, qui avait été si longtemps son cheval de bataille contre la présidence, elle faciliterait l'union de tous les partis contre leur ennemi commun, c'est-à-dire contre le chef du pouvoir exécutif. Celui-ci, de son côté, redoutait une conciliation qui eût sans doute ruiné ses espérances. Aussi MM. de Thorigny et Daviel, qui étaient chargés de soutenir devant l'Assemblée la proposition du rétablissement du suffrage universel, montrèrent-ils une faiblesse telle, que la presse républicaine fut unanime pour accuser la présidence d'avoir désiré le rejet de sa proposition, qui n'aurait été ainsi mise en avant que pour diviser plus profondément la droite et la gauche de l'Assemblée.

La droite n'avait aucune bonne raison à opposer à l'abrogation de la loi du 31 mai. Le ministère fut plus faible encore dans son argumentation à l'appui d'une cause si facile. Il paraît établi que la plupart de ceux qui votèrent le maintien de la loi craignirent de paraître se soumettre à l'autorité du pouvoir exécutif, et d'augmenter sa force en lui donnant solennellement raison.

« La loi du 31 mai, disait M. Piscatory, doit être révisée, elle devra l'être bientôt; mais refaire la loi aujourd'hui, ce serait donner raison au Message (1). »

Et M. Monnet :

« Je ne défends pas la loi du 31 mai; elle a été trop loin; mais l'Assemblée ne doit pas l'abroger dans les conditions actuelles, sous la pression du pouvoir exécutif (2). »

Et M. Daru, rapporteur de la commission :

« Nous ne méconnaissons pas qu'il puisse être utile ou

---

(1) *Discussion dans les bureaux*, *Patrie* du 7 novembre 1851.
(2) *Ibid.*

5

nécessaire de modifier quelques-unes des dispositions que la loi du 31 mai consacre. Si l'on fait appel à la sagesse et à l'impartialité de l'Assemblée, pour introduire les améliorations que conseillera la justice ou qu'indiquera l'expérience, nous ne doutons pas que cet appel ne soit entendu ; mais le devoir de l'Assemblée est de résister aux entraînements qui ressembleraient à de la faiblesse (1). »

C'est sous l'impression de ces considérations que la loi du 31 mai fut maintenue, à la majorité de quatre voix seulement : trois cent cinquante-trois voix se prononcèrent pour son maintien et trois cent quarante-sept pour son abrogation. Encore cette majorité de quatre voix fut-elle réduite à une par suite des réclamations que MM. Desjobert, Levavasseur et Cambacérès adressèrent au *Moniteur* du 14 novembre 1851 (2).

La loi était définitivement condamnée par ce résultat, et le seul prétexte qui eut été jusqu'alors mis en avant pour justifier un coup d'État se trouvait réduit à néant : *il y avait promesse, de la part de ceux qui avaient conservé la loi, de l'abroger en temps opportun !*

Revenons à la proposition des questeurs. Elle avait pour objet de mettre l'Assemblée en état de défense ; le projet primitif était ainsi conçu :

« ART. 1er. Le président de l'Assemblée nationale est chargé de veiller à la sûreté intérieure et extérieure de l'Assemblée. — Il exerce, au nom de l'Assemblée, le droit conféré au pouvoir législatif par l'article 32 de la Constitution, de fixer l'importance des forces militaires que réclame sa sûreté, d'en disposer, et de désigner le chef chargé de les commander. — A cet effet, il a le droit de requérir la force armée et toutes les autorités dont il juge le concours nécessaire. — Ces réquisitions peuvent être adressées directement à tous les officiers, commandants ou fonctionnaires, qui sont tenus d'y obtempérer immédiatement, sous les peines portées par la loi.

(1) *Rapport de M. Daru,* du 11 novembre 1851.
(2) Un fait digne de remarque, c'est que plusieurs députés connus pour leurs relations avec l'Élysée s'abstinrent de prendre part au vote.

« ART. 2. Le président peut déléguer son droit de réquisition aux questeurs ou à l'un d'eux.

« ART. 3. La présente loi sera mise à l'ordre du jour de l'armée, et affichée dans toutes les casernes sur le territoire de la République. »

Cette proposition, qui émanait de MM. Baze, Leflô et de Panat, ne tarda pas à être modifiée par ses auteurs eux-mêmes, qui reculèrent devant l'idée d'investir les questeurs de pouvoirs exceptionnels. Le projet définitif portait :

« Sera promulguée comme loi mise à l'ordre du jour de l'armée, et affichée dans les casernes, la disposition de l'article 6 du décret du 11 mai 1848 dans les termes suivants :

« Le président de l'Assemblée nationale est chargé de veiller à la sûreté intérieure et extérieure de l'assemblée.

« Il a le droit de requérir la force armée et toutes les autorités militaires dont il juge le concours nécessaire.

« Les réquisitions peuvent être adressées directement à tous les officiers, commandants et fonctionnaires, qui sont tenus d'y obtempérer immédiatement, sous les peines portées par la loi. »

Le projet de décret des questeurs était parfaitement constitutionnel. Le pouvoir exécutif avait reconnu antérieurement le droit de réquisition de la force armée par l'Assemblée dans les termes du décret précité du 11 mai 1848. L'année suivante, l'Assemblée avait pu, sans que le pouvoir exécutif y mît obstacle, ordonner que ce décret fut mis à l'ordre du jour de l'armée, imprimé et rendu public par tous les chefs de corps. On sait qu'en conséquence le décret avait été affiché dans les casernes de la garnison de Paris. Comment cette mesure, parfaitement justifiée dans un temps, et qui était d'ailleurs dans l'esprit d'une constitution qui n'avait pas prétendu subordonner le pouvoir législatif au pouvoir exécutif, pouvait-elle être considérée, en novembre 1851, comme une menace autorisant un coup d'État ?

Les adversaires du projet disaient :

« Dispenser l'Assemblée ou son président de demander des troupes au pouvoir exécutif; permettre à M. Dupin ou à tout autre de désigner les chefs des forces destinées à la garder; chercher enfin dans cette disposition la consécration du droit revendiqué par les partis, du droit de réquisition directe, c'est outrager le bon sens et le pacte fondamental ; c'est dire que la Constitution aurait voulu exposer les soldats à recevoir de deux chefs différents des ordres contradictoires, ou, pis encore, c'était vouloir organiser l'anarchie et la guerre civile. »

Un tel langage eût pu se concevoir si la Constitution avait considéré les deux pouvoirs législatif et exécutif comme tellement indépendants qu'aucun d'eux ne fût soumis au contrôle de l'autre. Mais l'Assemblée, qui pouvait même user du droit de mettre le chef du pouvoir exécutif en accusation, aux termes de la Constitution, avait évidemment ce droit de contrôle et de surveillance; elle représentait ainsi, dans le système constitutionnel, le premier pouvoir, la tête de la nation, et le pouvoir exécutif n'était que le bras chargé d'exécuter les ordres et les prescriptions émanant des délégués du souverain. L'immixtion du pouvoir législatif dans le domaine du pouvoir exécutif était donc un fait possible, prévu et légalement constitutionnel. Tout obstacle apporté par le pouvoir exécutif à ce jeu naturel des institutions républicaines était au contraire un empiétement et un coup d'Etat.

Ces observations, et nous en ajouterons encore quelques autres, n'ont d'autre objet que de prouver que l'Assemblée nationale se maintenait dans la légalité.

Les représentants de la Montagne crurent que la proposition des questeurs n'était au fond qu'un moyen pour la partie droite de l'Assemblée pour opérer une réaction blanche et se débarrasser du Président d'abord et de la gauche ensuite.

Les craintes de la part de la Montagne étaient-elles fondées?

Sur la possibilité d'un coup d'État émanant de la partie royaliste de l'Assemblée, les avis sont partagés; cependant il est à peu près certain que la droite avait l'intention de mettre en accusation le Président de la République aussitôt que celui-ci aurait tenté de se mettre au-dessus de la loi, et de donner ensuite la présidence au général Changarnier; en cela, on doit le reconnaître, l'Assemblée était dans une voie droite, puisqu'elle était décidée à n'user du droit qu'elle avait de mettre le ministre et le Président de la République en accusation que le jour où ce dernier serait sorti de la légalité.

Les écrivains bonapartistes vont plus loin; ainsi, beaucoup affirment, et cela sans preuves, que la proposition des questeurs n'était au fond qu'un moyen pour l'Assemblée de compter ses forces avant de porter le dernier coup au chef du pouvoir exécutif; d'après eux, si l'Assemblée avait voté le projet, il y aurait eu une séance de nuit dans laquelle on eût décrété d'accusation les ministres alors présents et Louis-Napoléon lui-même. La majorité eût en même temps élevé le général Changarnier à la présidence, en remplacement de M. Dupin, peu fait pour occuper un poste périlleux. Le nouveau président se serait alors entouré immédiatement des troupes de ligne et des gardes nationales de Paris, de manière à rendre impossible toute tentative de la part du Président.

Nous n'hésitons pas à dire que la crainte d'un coup d'État par l'Assemblée était au moins absurde. En effet, comment la majorité de l'Assemblée qui aurait fait appel à la nation pour protéger la légalité, aurait-elle pu en sortir elle-même?

Pouvait-elle en même temps faire appel à l'union des partis contre des tentatives inconstitutionnelles, et compromettre cette union par des proscriptions que rien ne justifiait?

Le Président de la République sentait bien que la proposition des questeurs était un coup qui devait mettre à néant toute tentative de coup d'État de sa part, il n'avait que deux partis à prendre : ou se soumettre à la majorié parlementaire ou la briser violemment, avant qu'elle n'eût pris des mesures propres à déconcerter ses mouvements. C'est ce dernier parti qu'il adopta.

L'élaboration de la proposition des questeurs au sein d'une commission parlementaire donna lieu à un incident qui modifia les dispositions d'une partie des représentants de la gauche. MM. de Thorigny, ministre de l'intérieur, et Saint-Arnaud, ministre de la guerre, avaient déclaré devant les trente-deux membres de la commission, et le procès-verbal en faisait foi, qu'ils considéraient le projet des questeurs comme inopportun et d'ailleurs inutile, attendu que le décret du 11 mai 1848 n'avait pas cessé d'être en vigueur. Le procès-verbal contient en effet la déclaration suivante de M. de Thorigny :

« Le décret existe, il est sous les yeux des troupes ; tous les droits contenus dans l'article 32 de la Constitution et dans le décret sont reconnus. Il est donc inutile d'aller au delà, et le vote de la proposition, dans le moment actuel donnerait lieu à des interprétations fâcheuses. »

Cependant, le lendemain même, MM. de Thorigny et Saint-Arnaud adressaient à la commission une lettre dans laquelle ils contestaient cet aveu.

« Je déclare donc, disait M. de Thorigny, que dans ma conviction le décret du 11 mai 1848 ne peut être considéré comme étant encore en vigueur, et je n'ai pas dit un mot qui puisse établir le contraire. »

La commission persiste néanmoins à défendre l'exactitude de son procès-verbal ; laissant au public à juger qui avait pu mentir avec tant d'impudence des trentedeux membres de la commission alors présents ou de MM. de Thorigny et Saint-Arnaud.

En conformité de la nouvelle attitude des ministres, le général Saint-Arnaud fit arracher dans toutes les casernes de Paris les copies du décret du 11 mai 1848 qui y étaient restées affichées depuis le 10 mai 1849.

C'était un véritable outrage à la dignité de l'Assemblée nationale et une déclaration de guerre. Un grand nombre de députés de la gauche le comprirent ainsi et se séparèrent de leurs collègues de la Montagne. Tous, unanimement, avaient blâmé la proposition des questeurs dans laquelle ils ne voyaient qu'une misérable querelle suscitée par le dépit que causait à la majorité le projet de rétablissement du suffrage universel ; mais du moment que le Président de la République et ses ministres contestaient à l'Assemblée le droit de réquisition directe, les rôles étaient intervertis : l'agression venait évidemment du pouvoir exécutif. Aussi une grande partie de représentants républicains se rallièrent à la proposition des questeurs, tandis que les autres persistèrent à la repousser dans la crainte de prêter les mains à la dictature blanche du général Changarnier.

La droite n'était pas moins divisée : outre les représentants liés à la cause de Louis-Napoléon, et qui se trouvaient plus ou moins dans la confidence de ses projets, bon nombre de conservateurs, façonnés aux habitudes monarchiques, habitués à voir dans le chef du pouvoir exécutif et non dans une Assemblée nationale le souverain pondérateur des droits, l'arbitre de tous, crurent qu'ils deviendraient factieux en votant avec les chefs de la coalition parlementaire. L'appoint de ces hommes de la plaine, unis aux Montagnards les plus avancés, devait décider la victoire de la présidence.

La discussion était fixée au 17 novembre.

M. Vitet, rapporteur de la commission, monta le premier à la tribune pour rappeler que si les conclusions du rapport étaient prises en considération, l'Assemblée serait invitée à nommer une commission pour statuer sur le fond.

M. Ferdinand de Lasteyrie prit ensuite la parole pour formuler un projet de transaction : il offrit le retrait de la proposition des questeurs, si le gouvernement consentait à reconnaître que le droit de réquisition de l'Assemblée résultait de l'article 32 de la Constitution. M. Vitet, au nom de la commission, se déclara prêt à accepter la proposition nouvelle.

Une telle modération eût embarrassé les ministres, s'ils n'avaient été décidés à accepter une lutte qui devait conduire au coup d'État.

Le général Saint-Arnaud se chargea d'exprimer l'avis du pouvoir exécutif sur la proposition des questeurs, sans répondre à la proposition nouvelle :

« Nous ne demandons pas aux auteurs de la proposition, dit-il, pourquoi ils ont choisi le moment où le calme le plus profond régnait dans le pays, et où le Message faisait appel au sentiment de conciliation, pour remettre en vigueur un décret de la Constituante, voté aux approches du 15 mai, peu de jours avant l'insurrection de juin.

« Nous ne voulons examiner que la question légale.

« La Constituante était un pouvoir souverain, absolu, et l'on conçoit que, pendant toute sa durée, le décret du 11 mai ait eu force de loi. Mais après la Constituante, ce décret, qui devint une partie de son règlement, fut abrogé de plein droit, puisque l'Assemblée législative, en faisant un règlement nouveau, ne l'a pas reproduit.

« C'est donc dans la Constitution seule qu'il faut chercher les droits de chacun.

« Or, que dit l'article 32 ?

« L'Assemblée fixe l'importance des forces militaires établies pour sa sûreté et elle en dispose.

« La proposition des questeurs a-t-elle pour objet de fixer l'importance des forces militaires ?

« Nullement.

« Elle demande, pour le président de l'Assemblée, un droit de réquisition directe, illimitée, absolue, sur l'armée tout entière, au lieu d'un droit limité à une force militaire déterminée d'avance.

« Aux termes du projet, il n'est plus un officier de l'armée qui ne puisse être requis directement par le président de l'Assemblée.

« C'est là un empiétement véritable, contre lequel il est impossible de ne pas protester.

« L'article 32 attribue à l'Assemblée, pour sa sûreté, la disposition des forces détachées dont elle aura préalablement déterminé l'importance. Ce droit, nul ne le conteste ; mais il faut le renfermer dans les limites prescrites par la Constitution.

« Le Président de la République ne peut pas être dépouillé des attributions que les articles 19, 50 et 64 de la Constitution lui ont conférées.

« Ces articles dérivent d'un principe fondamental, condition première des gouvernements libres, la séparation des pouvoirs.

« Si vous adoptez la proposition des questeurs, si vous inscrivez dans un décret le droit absolu, illimité, de réquisition directe pour le président de l'Assemblée, vous faites passer dans sa main le pouvoir exécutif tout entier. (*A droite* : Non, non ! *A gauche* : C'est vrai, c'est vrai !)

« Ce droit qu'on demande pour lui ne serait pas seulement la violation du grand principe de la séparation des pouvoirs, ce serait aussi la destruction de toute discipline militaire.

« La condition essentielle de cette discipline, c'est l'unité du commandement. Or, le projet donne un nouveau chef·

à l'armée, le président de l'Assemblée législative. (*Récla-mations à droite.*)

« Maintenant, supposez une insurrection, des ordres contradictoires, puisqu'ils pourraient émaner de deux chefs différents ; que devient sa force, son action ? Là où il n'y a plus de principe d'unité dans le commandement, il n'y a plus d'armée. (*Murmures à droite.*)

« Ainsi, inopportune, inconstitutionnelle, destructive de l'autorité militaire, la proposition accuse, malgré la modération du langage, une méfiance injuste envers le pouvoir exécutif ; elle répand l'anxiété dans le pays, l'étonnement dans les rangs de l'armée.

« Au nom du salut du pays, nous vous demandons de ne point prendre ce projet en considération. »

Le général Leflô, l'un des questeurs, répondit qu'il était impossible, en principe, de contester à l'Assemblée législative un droit reconnu à l'Assemblée constituante ; que ce droit était sans limites, il est vrai, mais que l'Assemblée n'userait jamais de ce droit dans toute son étendue, en présence d'un pouvoir exécutif qui se renfermerait lui-même dans les limites de la Constitution. L'honorable général protesta contre l'assertion du ministre de la guerre, que la proposition des questeurs troublerait la discipline militaire, comme si l'obéissance aux lois pouvait constituer un état de désordre.

Le colonel Charras, représentant de la gauche républicaine, monta à son tour à la tribune pour exposer les sentiments qui le séparaient de la majorité.

« Messieurs, dit-il, en commençant ce que j'ai à vous dire sur la grave question qui est soulevée devant vous, je tiens à faire une déclaration, c'est que, jusqu'au moment où j'ai lu, à la suite du rapport de la Commission, la déclaration où plutôt la rétractation faite par MM. les ministres, jusqu'au moment où j'ai lu que le pouvoir exécutif, par l'organe de MM. les ministres de la guerre et de l'intérieur, niait à l'Assemblée le droit de pourvoir à sa souveraineté, à la défense de cette souveraineté comme elle l'entend, j'ai changé d'opinion. Avant, j'aurais voté contre la proposition de MM. les questeurs ; aujourd'hui, et après la déclaration renouvelée à cette tribune par M. le ministre de la guerre, je déclare que je voterai pour la proposition des questeurs. (*Marques assez générales d'étonnement.*)

. . . . . . . . . . . . . . . . . . . . . . . . . . . . .

«Jusqu'ici le droit de réquisition directe n'avait jamais été contesté à l'Assemblée, j'en atteste les souvenirs de M. Odilon Barrot, qui a reconnu ce droit ; jusqu'à ce jour, ce droit de réquisition n'avait pas été contesté par le gouvernement de M. Bonaparte, président de la République. Aujourd'hui on le conteste de la manière la plus formelle... Sur la question de principe ainsi posée : — L'Assemblée à laquelle le peuple français a délégué le pouvoir législatif a-t-elle, oui ou non, le droit de se sauvegarder comme elle l'entend, comme elle le croit bon, comme elle le croit nécessaire, comme elle le croit indispensable ? — Sur cette question ainsi posée, sur ce terrain, je crois qu'il ne peut se produire le moindre dissentiment dans cette Assemblée, si ce n'est sur les bancs du ministère.

« Cette majorité qui, jusqu'ici, avait laissé passer presque sans contestation les faits les plus considérables, les faits, je le dirai, les plus scandaleux (*Marques d'approbation sur plusieurs bancs de la gauche*) qui se sont accomplis, je n'ai pas besoin de dire où, ni comment. Si le moindre doute s'élevait ici, je citerais quelques noms, Satory... (*Approbation à gauche.—Rumeurs sur quelques bancs*). Comment ! il n'est pas inouï d'avoir vu des officiers, ceux qui avaient poussé ces cris inconstitutionnels, ces cris factieux, devenir l'objet de faveurs non moins scandaleuses ? (A gauche : *C'est vrai ! c'est vrai !*)

« Eh bien, je dis, pour moi qui suis très-attentivement tous les mouvements qui se font dans la tête et dans le corps même de l'armée de Paris, je dis que ce sont les hommes qui ont éclaté en actes de dévouement à la personne du Président de la République, et, je dirai plus, peut-être dans leur haine pour la République, ce sont ces hommes qu'on appelle à Paris, auxquels on confie les plus hautes positions ; je dis qu'à l'heure qu'il est, dans les salons... je ne dirai pas lesquels, tout le monde le devine, on parle, avec un laisser-aller inimaginable, de quoi ? De fermer les portes de cette Assemblée, et de proclamer ce que vous savez. (*Exclamations diver-*

ses. — *Sourires et dénégations au banc des ministres.*)

« M. *Michel* (de Bourges) et plusieurs autres membres de la gauche : Les salons ne font pas les peuples !

. . . . . . . . . . . . . . . . . . . . . . . . . . . . . .

« M. *Charras.*—Jusqu'à ce qu'il y ait une réponse dans le sens contraire à celle qui a été faite par M. le ministre, je regarde comme constant que le droit de l'Assemblée a été nié formellement. (M. le ministre fait un signe de dénégation.)

Il ne faut pas jouer ici sur les mots et dire que vous reconnaissez à l'Assemblée un droit en théorie, lorsqu'en fait vous venez dire que vous ne le reconnaissez pas. Quant à la question d'opportunité de la proposition, je vous l'ai déjà dit, pour moi elle résulte tout entière de la déclaration faite par le gouvernement; elle est là, elle n'est pas ailleurs.

« *Un membre.* — L'ennemi est dans les rangs de la majorité.

« M. *Charras.* — On me dit que l'ennemi est là (*la droite*). Il est bien ailleurs aussi.

« M. *Mathé.* — Le plus dangereux est là (*la droite*).

« M. *Charras.* — Non, je le dis en terminant, je ne crois pas que la majorité soit un danger plus sérieux pour la Constitution et pour la République dans les termes où est posée la question maintenant, que le Président qui siége à l'Elysée; non, je ne crois pas qu'il vienne de sa part un danger plus immédiat, un danger plus imminent que celui qui peut venir de l'endroit que j'ai indiqué. (*Rires.*)

« Mais la majorité se trouve sur le terrain du principe constitutionnel, sur le terrain de l'indépendance des assemblées. La majorité, à mon sens, est dans le vrai. C'est pour cela que je voterai avec elle. »

Michel (de Bourges), prit la parole après Charras. Il somma les auteurs de la proposition de dénoncer hautement les complots du pouvoir exécutif.

« Il s'agit de périls théoriques, dit-il. Savez-vous quand vous les avez découverts ? Vous les avez découverts le 4 novembre, lorsqu'on a retiré la loi du 31 mai. Voilà le péril : le péril, c'est que la monarchie est menacée, c'est que la République commence à être inaugurée, voilà le péril. (*Bruyants applaudissements à gauche.*) Vous avez peur de Napoléon Bonaparte, et vous voulez vous sauver par l'armée. L'armée est à nous, et je vous défie, quoi que vous fassiez, si le pouvoir militaire tombait dans vos mains, de faire un choix qui fasse qu'aucun soldat vienne ici pour vous contre le peuple.

« Non, il n'y a point de danger, et je me permets d'ajouter que s'il y avait un danger, il y a aussi une sentinelle invincible qui vous garde ; cette sentinelle, je n'ai pas besoin de la nommer, c'est le peuple. (*Vifs applaudissements à gauche.*)

M. Vitet interrompit Michel de Bourges par la provocation suivante :

« Vous me demandez où est le péril ? Eh bien ! il est dans votre alliance avec celui que vous protégez ! »

Ce mot imprudent souleva d'immenses clameurs, car il tendait à faire croire que la proposition des questeurs était dirigée aussi bien contre la gauche républicaine que contre le Président.

« Vous l'avouez donc, dit M. Schœlcher, la proposition est dirigée contre nous, et vous voulez que nous la votions ! »

Charras vint même dire qu'il était venu dans l'intention de voter le projet, mais qu'il se rétracterait s'il devait atteindre une fraction des mandataires du peuple.

« Non, non, jamais ! » s'écria M. Vitet; mais le coup était porté, et les suites d'une parole imprudente étaient irréparables.

M. Crémieux s'exprima dans le même sens :

« Votre loi ne dit pas tout ce qu'elle renferme. Demandez à la majorité ce qu'elle fera, lorsque le président de l'Assemblée aura le droit de réquisition directe. Dites nettement ici tout ce qu'on dit ailleurs. Quant à nous, la Constitution nous suffit. »

M. Thiers essaya de réparer la faute commise par M. Vitet, et faisant descendre la question du domaine de la théorie dans celui des faits :

« Voici, dit-il, la cause de la proposition. Si elle a été présentée, c'est parce que la récente circulaire de M. le général Saint-Arnaud, s'écartant de celles de ses prédécesseurs, parle aux soldats de la discipline, et omet de faire mention de l'obéissance aux lois. Approuvez-vous que M. le ministre de la guerre, parlant de l'obéissance, parlant de la discipline, ne parle pas du respect dû aux lois? Tel a été le but de la proposition. »

Ces paroles changeaient le terrain du débat. De bruyantes interruptions, parties des bancs de la Montagne, couvrirent la voix de l'orateur et l'obligèrent à descendre de la tribune.

Le général Saint-Arnaud adressa la réponse suivante à M. Thiers :

« On me reproche de n'avoir pas rappelé à l'armée le respect des lois et de la Constitution. Ce ne sont plus mes paroles que l'on interprète, c'est mon silence.

« Messieurs, je sais respecter les lois, et je suis de ceux qui savent les faire respecter, par mes actes plus que par mes paroles. Mais le soldat n'est pas juge de la loi. Je n'ai trouvé ni utile ni digne de recommander à des chefs le premier de tous les devoirs.. .. Je n'ai pas songé à faire descendre la loi, des hauteurs où elle réside, dans un ordre du jour, pour l'y placer dans une hypothèse de violation qui n'est pas acceptable. L'obéissance aux lois, c'est le principe vital de toute société. Qui donc en doute?...

« M. le rapporteur vous a dit qu'il ne fallait pas d'équivoque; je suis de son avis. Il faut que l'Assemblée accepte ou rejette la proposition. L'Assemblée est complètement maîtresse de fixer l'importance des forces qu'elle entend consacrer à sa garde; *mais pour en disposer, ce qui ne lui sera jamais refusé, elle doit passer par la hiérarchie* (1). »

Jules Favre monta à la tribune pour défendre le droit

---

(1) En relisant cette phrase, nous ne comprenons pas qu'en l'entendant, l'Assemblée n'ait pas bondi d'indignation, et n'ait pas décrété immédiatement d'accusation le ministre assez audacieux pour avoir osé la prononcer. Quoi ! l'Assemblée, émanation suprême du peuple souverain, *devait passer par la hiérarchie* pour exercer les droits qu'elle tenait de la Constitution ! Mais, hélas, cette malheureuse Assemblée, composée en majeure partie de gens aspirant à la monarchie, n'ayant aucunement le sentiment de la situation, flottait dans l'indécision et par sa mollesse justifiait à l'avance le coup d'État qui devait, en la dissolvant, renverser la République.

de réquisition directe, mais en niant que ce droit eût besoin d'être reconnu par une loi nouvelle :

« Il arrive, dit-il, que le pouvoir exécutif vous conteste ce droit. Qu'avez-vous à faire? L'affirmer par une loi nouvelle? Quoi! messieurs, s'il plaît au pouvoir exécutif de contester l'autorité des lois, il faudra que vous les refassiez? Le moyen de sortir d'une pareille difficulté, c'est d'ordonner l'exécution de la loi.

« Requérez demain, et vous verrez que le pouvoir exécutif cédera. Et s'il ne cède pas, il sera mis en accusation. (Agitation en sens divers.)

« De deux choses l'une, ou vous croyez que le pouvoir exécutif conspire : accusez-le; ou vous feignez de croire qu'il conspire, et c'est que vous conspirez vous-mêmes contre la République, et voilà pourquoi je ne vote pas avec vous. »

La discussion semblait épuisée, quand le général Bedeau la raviva, en demandant s'il était vrai que le décret du 11 mars 1848, affiché dans les casernes, eût été récemment enlevé, par ordre de la présidence. Un tumulte indescriptible accueillit cette question.

« Il est vrai, répondit le ministre de la guerre, que le décret avait été affiché. Il n'existait, lors de mon entrée au ministère, que dans très-peu de casernes. Mais en présence de la proposition des questeurs, et comme il y avait doute si ce décret devait être exécuté, pour ne pas laisser d'hésitation dans les ordres donnés, je dois le déclarer, j'ai ordonné qu'on le retirât. »

A cette révélation inattendue, des cris violents accueillirent le ministre; les interpellations les plus énergiques s'échangèrent entre les représentants, d'un banc à l'autre. La gauche était vraiment hésitante; des députés de la majorité avaient envahi les bancs de la Montagne pour décider leurs collègues à s'associer au vote de la proposition. Les conservateurs, au contraire, entouraient le banc des ministres comme pour leur demander un mot d'ordre :

« Faites ce que vous voudrez, messieurs, leur répondit M. de Thorigny, nous sommes prêts à tout. »

A ces paroles, dites avec calme, rapporte M. Granier de Cassagnac, les interlocuteurs se regardèrent, et, *sûrs*

*de ne pas mettre leur courage au service d'un gouverne-*
*ment timide, ils allèrent voter résolûment* (1).

M. de Morny, qui avait un rôle à jouer près du président, dans le cas où l'Assemblée adopterait la proposition
des questeurs, sortit avant le vote ; le général Saint-
Arnaud se leva et se penchant à l'oreille de M. de Thorigny, lui dit :

« Si je sortais, à tout événement?

— « Oui, répondit le ministre de l'intérieur ; sortez,
nous resterons jusqu'à la fin. »

Le général de Saint-Arnaud se leva aussitôt de son
banc, et sortit, en effet, après avoir adressé un regard
significatif au général Magnan, commandant en chef de
l'armée de Paris, qui assistait à la séance, et qui se trouvait avec M. de Maupas, préfet de police, dans une tribune. Comme il arrivait près de la porte de la salle, le
ministre de la guerre répondit en riant à un collègue qui
s'étonnait de le voir partir avant le vote :

« On fait trop de bruit dans cette maison ; je vais chercher la garde. »

Et il y allait, comme il le disait.

En ce moment, un officier du 49ᵉ de ligne se faisait
ouvrir la tribune où était le général Magnan, et le frappant doucement sur l'épaule :

« Sortez bien vite, lui dit-il, l'ordre vient d'être donné
de vous arrêter (2). »

« Le général se leva sur le champ, ainsi que M. de Maupas, et tous deux se rendirent au quartier-général de
l'armée de Paris, aux Tuileries. Le ministre de la guerre
venait d'y arriver avant eux pour accomplir les dernières
dispositions ; et ils allèrent prendre les ordres suprêmes
à l'Élysée (3). »

Le vote sur la proposition des questeurs donna les résultats suivants : sur sept cent huit votants, trois cents
se prononcèrent pour la prise en considération, et quatre

(1) L'aveu de M. Granier Cassagnac est précieux à enregistrer.
(2) Nous ne pouvons admettre ce propos que MM. Mayer, Gra-
gnier de Cassagnac mettent dans la bouche de cet officier.
(3) Granier de Cassagnac, *Histoire de la chute de Louis-Philippe*,
p. 340 et 341.

cent huit contre la proposition ; c'était une majorité rela-
tive de cent huit voix.

La gauche de l'Assemblée eût certainement modifié ce
résultat par son unanimité ; car cent cinquante républicains au moins repoussèrent la proposition. On remarqua
que tous les représentants républicains appartenant à
l'armée votèrent tous pour la proposition. Certes, l'opinion particulière du général Cavaignac, du colonel Charras, des capitaines Bruckner, Millotte, Tamisier et du
lieutenant Valentin, que leur profession mettait journel-
lement en rapport avec les autres officiers de l'armée,
n'était point à dédaigner de leurs collègues de la Montagne. Grévy, l'auteur du fameux amendement contre l'é-
tablissement d'un pouvoir exécutif indépendant, auquel
les circonstances donnaient enfin raison, Pascal Duprat,
Marc Dufraisse, etc., émirent le même vote.

Pendant toute cette journée, le Président de la République se tint prêt à marcher sur la Chambre, dans le cas
où la proposition serait prise en considération. Depuis le
matin, il portait même un pantalon garance, pour pouvoir
revêtir au plus vite l'uniforme de général. Deux régiments dévoués se tenaient prêts dans leurs casernes ; trois
cent cinquante gardes nationaux du 2ᵉ bataillon de la
1ʳᵉ légion, commandés par les chefs de bataillon Vieyra et
Ledieu, s'étaient offerts aussi à marcher contre la
Chambre.

Le coup d'État du 17 novembre 1851 eût été un
18 brumaire ; reste à savoir si l'on aurait réussi.

« Pendant toute la durée de la discussion (1), le Président
de la République resta à l'Élysée, en compagnie de
M. Mocquart. Le prince était calme et attendait avec aussi
peu d'anxiété que d'impatience le dénoûment de la journée. A l'arrivée du ministre de la guerre, de M. le comte
de Morny et Edgar Ney, le prince se montra résolu. Des
ordres immédiats allaient être expédiés, lorsque M. Rouher
vint apporter à l'Élysée le résultat du vote. Le Président ne montra aucune émotion, et il se contenta de
dire avec la plus complète indifférence à tous ceux qui
l'entouraient :

_____

(1) Véron, *Mémoires d'un Bourgeois de Paris*, p. 165 et 166.

« Ça vaut peut-être mieux. »

Il est donc bien établi que le vote de la proposition des questeurs eût précipité les événements et mis aux prises, dans la journée du 17 novembre, l'Assemblée nationale et le Président de la République.

Là était le danger, et la gauche républicaine fut aussi imprudente en repoussant les avances de la majorité, que celle-ci l'avait été en s'opposant au rétablissement du suffrage universel. Sans doute une lutte violente eût éclatée ; mais le succès pouvait-il en être douteux ?

Le peuple de Paris, immédiatement rallié autour des mandataires de la nation, n'eût-il pas fait reculer les généraux qui eussent osé faire une tentative contre l'Assemblée ? Le tocsin, dont la voix ne se fit pas entendre dans la journée du 2 décembre, eût aussitôt retenti, et la garde nationale appelée à dire le dernier mot. Les généraux Lamoricière, Leflô, Cavaignac, Bedeau, Changarnier et Charras eussent vraisemblablement contrebalancé, auprès de l'armée, l'influence des hommes nouveaux qui avaient pris la direction du parti bonapartiste.

Les conséquences du vote de l'Assemblée nationale étaient ainsi déduites par le *Journal des Débats*. On y lisait, dans le numéro du 18 novembre :

« Interrogez quiconque a assisté à cette scène, pour laquelle nous voudrions qu'on eût réclamé le huis-clos ; tous vous diront que jamais, à aucune des époques les plus tumultueuses et les plus orageuses, l'Assemblée n'a présenté une plus désolante image du désordre. Dans les batailles rangées, où chacun se serre et combat autour de son drapeau, il y a du moins de la grandeur et quelque chose qui élève les âmes, et la défaite est aussi noble que la victoire ; mais ce qu'on a vu hier, ce n'était point une lutte, c'était l'anarchie générale, c'était le chaos, c'était la dissolution.

« Nous ne craignons pas les coups d'État. Non ; nous ne nous attendons pas à des tentatives de violence et d'usurpation (1). Nous n'avons point cette crainte, et ce

---

(1) L'auteur de l'article était peu perspicace. Pour tout le monde dans Paris, le rejet de la proposition des questeurs fut considéré comme une abdication de la part de l'Assemblée.

qu'il y a de plus triste, c'est que nous en sommes à regretter de ne pas l'avoir. Mais pourquoi les ennemis du pouvoir parlementaire, s'il y en a, iraient-ils compromettre par des violences inutiles une œuvre qui s'accomplit si complaisamment sans eux? Pourquoi tenteraient-ils les hasards d'un conflit avec l'Assemblée, quand l'Assemblée travaille avec une activité si fébrile et si fatale à sa propre ruine?

« Nous ne pouvons songer sans une inquiétude profonde à l'impression que produira dans le pays la séance d'hier. Comment voulez-vous que cette malheureuse nation qui se sent sur le bord de l'abîme, qui ne se voit pas de lendemain, qui marche dans la nuit et demande sa route à ceux qui sont à sa tête, comment voulez-vous, quand elle regarde en haut et y voit cet affreux désordre, qu'elle ne désespère pas de la liberté, et ne se jette pas dans les premiers bras qui lui paraîtront un refuge?

« Oui, c'est vrai, le pouvoir exécutif paye cher son triomphe, puisqu'il ne le doit qu'à ses ennemis, à la Montagne. Mais le Président ne peut-il pas répondre, à son tour, que la minorité, composée principalement de conservateurs, a recherché, demandé, quêté ce concours, qu'elle lui reproche d'avoir accepté? »

## V.

PROJET DE LOI SUR LA RESPONSABILITÉ MINISTÉRIELLE. — M. GRANIER DE CASSAGNAC ET LE *Constitutionnel*. — LE GÉNÉRAL BEDEAU. — DISCOURS DU PRÉSIDENT AUX OFFICIERS DE L'ARMÉE DE PARIS. — PRÉPARATIFS DU COUP D'ÉTAT.

Une atonie générale suivit l'agitation de la journée du 17 novembre; les représentants ne prêtaient plus qu'une médiocre attention à des travaux législatifs qui ne laissaient pas d'avoir leur importance. C'est dans cette disposition d'esprit qu'on discuta l'amendement à la loi communale, qui réduisait le domicile électoral de trois années à un an; une seule voix de majorité décida du rejet de la loi.

Un autre projet de loi sur la responsabilité des dépositaires de l'autorité publique, sur la responsabilité des ministres, sur la responsabilité du Président de la République, déjà présenté et renvoyé dans les bureaux le 15 novembre, allait être soumis à la discussion; M. Pradié y avait introduit un amendement qui consacrait le droit de réquisition directe par le Président de l'Assemblée nationale. Mais les événements devaient se précipiter et anéantir le système politique inauguré par la Constitution de 1848.

Le chef du pouvoir exécutif et les journaux qui lui étaient dévoués, feignirent de croire que le projet de loi sur la responsabilité du Président de la République et celle des ministres, remettait en question la sûreté même du chef du pouvoir exécutif.

Ainsi, M. Véron dit nettement que la présentation de ce projet de loi prouvait à tout le monde que *la Chambre se proposait de mettre en accusation le prince Louis-Napoléon, l'élu de six millions de suffrages, les ministres, et même bon nombre de députés du parti modéré*; et que le coup d'État était devenu ainsi nécessaire de la part du Président de la République.

M. Granier de Cassagnac, pour donner plus de poids à cette supposition gratuite, prétend, après avoir constaté le découragement général des membres de l'Assemblée nationale et l'impuissance du pouvoir législatif, qu'il existait un plan pour substituer une dictature rouge au projet de dictature blanche, et remplacer le nom du général Changarnier par celui de Cavaignac.

Le *Constitutionnel* se chargea, dans un article d'une exagération choquante, de développer les raisons qui pouvaient justifier d'avance un coup d'État. Nous reproduisons quelques extraits de ce document, qui a été généralement considéré comme le manifeste du coup d'État (1).

« Malgré le calme à peu près universel des esprits, malgré l'indifférence profonde des populations pour la

(1) Cet article est signé de M. Granier de Cassagnac.

politique, malgré l'horreur de l'agriculture, de l'industrie,
du commerce, de toutes les familles honnêtes, des individus sensés, pour des bouleversements nouveaux, il ne
s'est jamais autant brassé de conspirations, autant préparé de coups de main qu'en ce moment, dans les régions
élevées de la société et parmi les chefs des anciens partis.
Les ambitieux, les factieux, ne veulent pas que l'ordre se
rétablisse, que le travail se rassure, que les affaires se
relèvent, si la société, sauvée et raffermie, doit échapper
à leur plan de domination, d'exploitation. Ils se résignent
à voir encore les rues de Paris dépavées, les étrangers en
fuite, les boutiques fermées, l'émeute chantant *Ça ira!*
les populations épouvantées par les prédications des clubs :
ils se résignent à tout, excepté à voir périr leur importance...

« Cette conspiration flagrante, incessante contre le Président de la République, a pour auteurs des hommes parlementaires, chefs avoués du parti légitimiste et du parti
orléaniste, profondément divisés entre eux, mais unis par
la haine commune que leur inspire l'élu du dix décembre.

« Les conjurés ont pour but de créer une dictature,
agissant avec l'appui et sous le contrôle de l'Assemblée
actuelle, qui se prorogerait indéfiniment et se déclarerait
Convention. Le dictateur est désigné par tout le monde :
c'est M. le général Changarnier.

« Nous ne voulons pas discuter ce projet. Enlever l'armée au Président, à l'élu du pays, à la défense de la loi
et de l'ordre, et la donner comme un mobilier, comme
un outil, même par un vote de l'Assemblée, à un Pichegru
de rencontre, est simplement insensé...

« Ainsi, quatre ou cinq anciens ministres, dix à douze
anciens députés blanchis sous le harnais, des hommes
mûrs et qu'on devrait croire sensés, jouent et voudraient
faire jouer à l'Assemblée nationale le rôle que voici : —
Remplacer, à la tête de la société, l'élu de six millions
d'hommes par l'élu de quinze ou vingt conspirateurs ; le
neveu de l'Empereur, par un général sans faits d'armes
et sans illustration ; un nom magique, par un nom impuissant, etc...

« Abattus par leur effroyable échec, qui venait s'ajou-
jouter à un autre échec de la veille, au sujet de la loi du

31 mai, remis à peine de leurs patrouilles nocturnes et de deux ou trois mauvaises nuits passées hors de chez eux, dans des lits d'emprunt, les chefs de la conspiration résolurent de tenter un dernier effort. Voici le nouveau plan qu'ils arrêtèrent, plan que nous avons entendu exposer il y a cinq jours, plan avoué tout haut, samedi, dans les bureaux de l'Assemblée, plan dont la coalition de tous les partis hostiles au Président de la République annonce la réalisation et révèle les secrets !

« Pourquoi les montagnards avaient-ils voté, et en masse, contre la proposition des questeurs ? — Parce qu'elle avait pour objet de créer une dictature blanche et de remettre le pouvoir absolu aux mains d'un général chargé de les déporter et au besoin de les mitrailler. Il s'agissait donc d'imaginer un plan nouveau qui rassurât les montagnards et qui leur permît, en même temps, d'écouter leur haine contre le Président de la République, et de se réunir, sans danger, à une coalition de légitimistes et d'orléanistes. Ce plan n'était pas difficile à trouver, et nous l'entendions exposer, nous l'avons dit, il y a cinq jours. Il s'agissait tout simplement de changer la couleur de la dictature et le nom du dictateur. Pour des légitimistes, des orléanistes et des fusionnistes, c'est-à-dire pour des gens coalisés à trois, il en devait peu coûter de se coaliser à quatre, ou même à cinq. L'échec public, éclatant, irrémédiable de M. le général Changarnier permettait aux conjurés de le laisser à l'ambulance et de donner à un autre son commandement. C'est ce qui a été fait, après de courts débats ; et les mêmes hommes d'État qui, la semaine dernière, risquant les destinées de la France sur une dictature blanche avec M. le général Changarnier, vont les risquer cette semaine sur une dictature rouge avec M. le général Cavaignac. Voilà où nous en sommes. Le pays est, comme on voit, joué à croix ou pile : croix a perdu, peut-être que pile gagnera....

« C'est l'usage, nous le savons, de considérer ces hommes dont nous parlons, M. Berryer, M. Thiers, M. Béchard, M. de Laboulie, M. de Lasteyrie, M. Creton, même M. Dufaure, jusqu'à un certain point, comme les chefs et les soutiens des partis conservateurs et monarchiques : voilà précisément la profonde et déplorable erreur dans laquelle des journaux de coterie entretiennent les populations paisibles, confiantes, vivant loin des affaires ! Ces hommes sont et ne sont que de purs révolutionnaires, parlant, agissant en révolutionnaires, sous la bannière des royalistes et des conservateurs, dont ils compromettent les principes et dont ils perdent la cause.

« L'habitude des ruses, des compromis, des coalitions parlementaires, a profondément dépravé ces intelligences, qui ne croient plus à rien, qu'à leur ambition et à leur vanité. Ils ont pu être, ils ont été des hommes politiques, faisant de la doctrine monarchique et conservatrice ; ils ne sont plus que des avocats et des factieux, incidentant contre l'ordre, et faisant des révolutions contre la société... »

Aujourd'hui que le spectre rouge a été réduit à sa juste valeur, et qu'il n'est plus considéré que comme un de ces fantômes qu'on agite pour émouvoir les cœurs et inspirer la terreur, à défaut de bonnes raisons pour entraîner les esprits, nous pouvons, après dix-huit ans, nous placer au point de vue de l'historien impartial, et démêler ce qu'il y avait le vrai au fond des accusations que le pouvoir exécutif, se plaçant au-dessus de la Constitution, jetait à la face de l'Assemblée nationale.

Pouvait-on, de bonne foi, donner la qualification injurieuse de *conspiration* à des mesures parfaitement légales et constitutionnelles que l'Assemblée nationale aurait prises pour sa sûreté ? La mise en accusation même du Président de la République n'eût-elle pas été l'exercice d'un droit formellement reconnu ? Qu'on eût invoqué des nécessités de salut public pour briser la Constitution ! La raison était au moins contestable, mais elle pouvait se produire ; tandis que les accusations de conspiration étaient mesquines et sans valeur.

Au surplus, n'était-ce pas gratuitement que les défenseurs de la présidence reprochaient à l'Assemblée nationale de vouloir tenter quoi que ce fût contre le pouvoir exécutif ?

Dégageons leur argumentation des phrases sonores et des idées creuses telles que celles-ci : *les chefs de la ma-*

*jorité ne sont plus que des factieux, faisant des révolutions contre la société*, grands mots que M. Granier de Cassagnac jugeait nécessaires pour flétrir ses adversaires, qui pouvaient avoir aussi bien que lui la prétention de sauver la société, si tant est que cette société dont on se montrait si soucieux, eût vraiment besoin d'être sauvée.

M. Granier de Cassagnac n'exagérait-il pas l'influence des chefs de la droite, afin de fournir un prétexte pour agir contre eux ? Ce qui peut le faire croire, c'est que la majorité législative, ainsi que M. Granier de Cassagnac l'a constaté lui-même, en émettant ainsi une contradiction dont le sens lui échappait, était profondément démoralisée, disloquée et hors d'état de rien entreprendre contre le pouvoir exécutif. L'ancienne majorité, séparée par un abîme de deux cents membres de la gauche républicaine, réduite à deux cent cinquante membres par la défection de plus de la moitié des siens, avait-elle l'autorité nécessaire pour faire réussir, par des voies illégales, un complot contre le Président de la République et ses ministres ?

Est-ce sérieusement qu'on accusait ce parti, ainsi réduit et découragé, de vouloir tenter un coup d'État sans l'appui d'une majorité reconstituée sur de nouvelles bases ?

Non, personne ne menaçait le pouvoir exécutif, ainsi que M. Granier de Cassagnac paraissait le croire ; bien au contraire, le plus grand nombre de représentants, satisfaits du rejet de la proposition des questeurs, à l'aide de laquelle on avait un moment agité les esprits, étaient résolus d'attendre patiemment le prochain renouvellement de la Chambre par le suffrage universel, qui eût vraisemblablement rompu avec ceux qui représentaient les anciens partis. Il suffisait d'attendre cinq mois pour obtenir ce résultat prévu.

Quel intérêt aurait eu le parti formé des débris de la majorité, à s'agiter de nouveau pour renverser le Président de la République, puisqu'il leur suffisait, pour s'en débarrasser, d'attendre que le mandat présidentiel expirât naturellement dans cinq mois ?

La supposition d'un complot parlementaire contre le pouvoir exécutif était donc inadmissible, par ces deux motifs concluants, qu'il y avait à la fois absence d'intérêt et impossibilité matérielle.

Le *Constitutionnel*, et après lui les apologistes du 2 décembre, ont cru cependant de toute nécessité, pour la justification de leur cause, de prouver qu'il aurait réellement existé de la part du président de l'Assemblée nationale, M. Dupin le débonnaire, et des questeurs, un projet de réquisition de la force armée pour opérer un coup de main contre le chef du pouvoir exécutif. C'est à n'y pas croire ; mais le *Constitutionnel* a prétendu en avoir la preuve, et a imprimé le document suivant, entre deux tirades contre les éternels ennemis de l'ordre.

« La questure était, on le sait, le quartier général de la coalition.

« Dès que l'acte du 2 décembre a éclaté, les arrestations et les recherches se sont dirigées vers la questure. On a arrêté les questeurs, on a saisi leurs papiers, notamment chez M. Baze.

« La saisie de ces papiers *a rendu évidente l'existence du complot*.

« En effet, tous les décrets relatifs à la réquisition directe étaient prêts ; on en a saisi non-seulement les minutes, mais tous les duplicata et les ampliations nécessaires pour en donner communication à qui de droit ; tout cela fait à l'insu de M. Dupin, mais revêtu néanmoins du cachet de la présidence de l'Assemblée.

« Le premier décret, celui qui confie à un général en chef le commandement des troupes chargées de protéger l'Assemblée nationale, est ainsi conçu :

« Le président de l'Assemblée nationale,

« Vu l'article 32 de la Constitution ainsi conçu :

« L'Assemblée détermine le lieu de ses séances, elle « fixe l'importance des forces militaires établies pour sa « sûreté, et elle en dispose ;

« Vu l'article 112 du décret réglementaire de l'As- « semblée nationale, ainsi conçu :

« Le président est chargé de veiller à la sûreté inté- « rieure et extérieure de l'Assemblée nationale. A cet « effet, il exerce au nom de l'Assemblée le droit confié « au pouvoir législatif par l'article 32 de la Constitution,

« de fixer l'importance des forces militaires établies pour
« sa sûreté et d'en disposer.

« Ordonne à M..... de prendre immédiatement le
« commandement *de toutes les forces, tant de l'armée*
« *que de la garde nationale, stationnées dans la pre-*
« *mière division militaire*, pour garantir la sûreté de
« l'Assemblée nationale.

« Fait au palais de l'Assemblée nationale, le..... »

SECOND DÉCRET.

« Le président de l'Assemblée nationale, etc.,
« Vu l'article 32 de la Constitution,
« Vu l'article 112 du décret réglementaire, etc.,
« Ordonne à tout général, à tout commandant de corps
ou de détachement, tant de l'armée que de la garde nationale stationnés dans la première division militaire,
d'obéir aux ordres du général M..... chargé de garantir
la sûreté de l'Assemblée nationale.

« Fait au palais de l'Assemblée nationale, le... »

« Tels sont les deux décrets trouvés chez un questeur.
Le premier, qui nomme le général en chef, n'existe qu'en
deux expéditions ; l'une destinée probablement au général
en chef qui eût été nommé, l'autre au *Moniteur*.

« Quant au décret qui devait être communiqué aux
chefs des divisions et des brigades, il en avait été déjà
fait cinq ampliations. Elles sont entre les mains de l'autorité.

« Est-il clair qu'on se tenait prêt pour l'événement ?
On n'attendait que le jour du vote. Bien que l'Assemblée
nationale eût à sa disposition un assez grand nombre
d'employés, on ne s'en fiait pas à l'activité de nombreux
expéditionnaires. On avait voulu que tout fût réglé, copié
et timbré d'avance. Il n'eût resté qu'à remplir les noms
et les dates laissés en blanc. Les décrets eussent été
ainsi notifiés à qui de droit en un clin d'œil. N'y a-t-il
pas là tous les apprêts d'un coup de main ? »

Le *Constitutionel* n'avait pas eu la main heureuse, car
les pièces précitées n'avaient pas la destination qu'il
leur attribuait ; elles n'avaient pas été préparées après le

dépôt de la proposition des questeurs, mais longtemps auparavant, et comme mesure de précaution utile et légale pour la sûreté de l'Assemblée nationale. C'est ce qui résulte de la lettre suivante du général Bedeau à M. de Morny, où l'on trouve une rectification que le *Constitutionel* se garda bien de publier, et qu'il laissa ensevelie dans le silence.

« Monsieur,

« J'apprends qu'on a trouvé chez M. Baze des pièces revêtues du cachet de la présidence de l'Assemblée nationale, et ayant pour objet de requérir des troupes en conformité de l'article 32 de la Constitution et de l'article 112 de notre règlement.

« Ces pièces ont été établies par mon ordre, le 14 octobre dernier, époque à laquelle j'étais investi des pouvoirs de l'Assemblée, en l'absence de M. Dupin.

« M. Baze, questeur, subordonné au président, n'a été que le dépositaire de ces pièces.

« J'étais alors très-décidé à faire usage de mon droit constitutionnel, et à remplir mes devoirs pour garantir l'Assemblée, si, comme j'avais trop justement lieu de le craindre, on essayait contre elle ce qui plus tard a été accompli.

« J'ai l'honneur, Monsieur le Ministre, de vous saluer.

« BEDEAU.

« Fort de Ham, 19 décembre 1851. »

Les circonstances paraissant favorables au chef du pouvoir exécutif, pour tenter enfin un coup d'État contre l'Assemblée nationale et la Constitution républicaine, il prépara avec MM. de Morny, de Persigny, Fleury, Saint-Arnaud, de Maupas et Magnan, les mesures propres à le faire réussir.

La centralisation excessive, qui mettait entre les mains du pouvoir exécutif toutes les forces actives et la masse de fonctionnaires facilitait cette entreprise. Toutefois, les hommes nouveaux qui entouraient le Président, n'ayant pas alors cette célébrité qui éblouit si souvent les masses, on songea à s'assurer le concours d'une partie des représentants de l'Assemblée.

« Si les deux tiers de l'Assemblée s'étaient déclarés contre lui, disent MM. Galix et Guy, l'autre tiers, composé d'hommes intelligents, honnêtes, s'était dévoué à sa cause. Déjà, le dimanche 30 novembre, deux cents représentants, dans la prévision d'une collision prochaine entre ces deux pouvoirs, s'étaient réunis pour s'entendre sur la ligne de conduite à suivre dans ce cas. Ils avaient décidé que le prince représentant le principe d'autorité et le triomphe de l'Assemblée ne pouvant être que le signal d'épouvantables catastrophes, ils se rangeraient du côté de Louis-Napoléon dès que la lutte éclaterait (1). »

Le concours de l'armée paraissait depuis longtemps acquis.

Le 9 novembre 1851, le Président de la République s'épanchait en ces termes devant les officiers conduits à l'Élysée par le maréchal Magnan :

« Messieurs,

« En recevant les officiers des divers régiments de l'armée qui se succèdent dans la garnison de Paris, je me félicite de les voir animés de cet esprit militaire qui fit notre gloire et qui fait aujourd'hui notre sécurité. Je ne vous parlerai donc ni de vos devoirs, ni de la discipline. Vos devoirs, vous les avez toujours remplis avec honneur, soit sur la terre d'Afrique, soit sur le sol de France, et la discipline, vous l'avez toujours maintenue intacte à travers les épreuves les plus difficiles. J'espère que ces épreuves ne reviendront pas; mais si la gravité des circonstances les ramenait, et m'obligeait à faire appel à votre dévouement, il ne me faillirait pas, j'en suis sûr, parce que, vous le savez, je ne vous demanderai rien qui ne soit d'accord avec mon droit, avec l'honneur militaire, avec les intérêts de la patrie ; parce que j'ai mis à votre tête des hommes qui ont toute ma confiance et qui méritent la vôtre ; parce que, si le jour du danger arrivait, je ne ferais pas comme les gouvernements qui m'ont précédé, et *je ne vous dirais pas : Marchez, je vous suis; mais je vous dirais : Je marche, suivez-moi!* »

(1) Galix et Guy, *Histoire complète et authentique de Louis-Napoléon Bonaparte.* 1852.

Il faut remarquer que le texte de ce discours, tel qu'il fut imprimé au *Moniteur*, porte les mots suivants : avec mon droit *reconnu par la Constitution*, lesquels ne se trouvent pas dans le discours original.

Cette addition fut faite par prudence, afin de ne pas donner prématurément l'éveil, et laisser croire que le Président de la République avait déjà rompu avec la Constitution.

L'obéissance passive, tel était le mot d'ordre de l'armée. Le général Magnan lui-même, par un sentiment que nous n'essayerons pas d'apprécier, ne voulait pas s'engager dans le coup d'État, sans que sa responsabilité personnelle fût mise à couvert par le ministre de la guerre. Il ne promit d'agir que sur les ordres exprès de son supérieur.

Était-ce pour donner lui-même l'exemple de la soumission hiérarchique ou pour sauver sa tête, en cas d'insuccès ?

Le fait est attesté en ces termes par M. Granier de Cassagnac :

« Il avait expressément demandé de n'être prévenu qu'au moment de prendre les dispositions nécessaires et de monter à cheval (1). »

L'armée de Paris comprenait alors soixante mille hommes, auxquels on pouvait adjoindre en peu de temps trente mille hommes tirés des garnisons voisines. On avait choisi et trié les régiments les plus sûrs et les plus fidèles.

Les fonctionnaires subalternes auraient pu seuls montrer de l'hésitation ; mais les fonctionnaires supérieurs étaient déjà gagnés. La police, qui fut, dans le coup d'Etat, l'auxiliaire de l'armée, avait déjà été soigneusement épurée par M. Carlier.

M. Maupas, qui lui succéda à la préfecture de police, savait qu'il pouvait compter sur tous ses agents. Les chefs de la police avaient d'ailleurs été mis dans le secret, et ne demandaient pas mieux que d'exercer leur vigueur contre les républicains, qui leur rendaient haine pour haine, et

_____

(1) M. Granier de Cassagnac, *Histoire de la chute de Louis-Philippe*, etc., 2e vol., p. 400.

même contre les membres de la droite parlementaire, qui avait le tort, à leurs yeux, de pactiser avec les républicains.

La garde nationale inspirait beaucoup de méfiance, car on savait qu'elle soutiendrait la légalité, qui lui paraissait la seule garantie de l'ordre. Le général Perrot, qui en avait le commandement, était justement suspect. On résolut donc de l'évincer d'une manière indirecte, en lui adjoignant, pour chef d'état-major, M. Vieyra, sur qui l'on pouvait compter, et qui s'était engagé d'avance à prendre toutes les mesures pour que la garde nationale ne pût pas se réunir.

M. Perrot, à qui le nouveau chef d'état-major était profondément antipathique par des motifs qui n'avaient rien de personnel, mais sur lesquels nous ne pouvons insister, donna aussitôt sa démission pour éviter tous rapports avec cet officier. On s'en félicita à l'Elysée, et le 30 novembre, le général Lawœstine accepta le commandement en chef de la garde nationale, en remplacement de l'honorable général Perrot.

Il fut convenu que le coup d'Etat serait accompli dans l'ombre de la nuit ; que l'armée et la police entreraient en mouvement, le 1er décembre 1851, à cinq heures et demie du matin, à cette heure de l'hiver où la population encore endormie pouvait être facilement surprise. Le rétablissement du suffrage universel devait être mis en avant pour séduire le peuple, en lui montrant que le pouvoir issu du coup d'Etat se présentait avec des garanties libérales que ne lui offrait point la majorité parlementaire, souverainement discréditée et haïe. On espérait, grâce à cet appât, que les masses populaires applaudiraient à la chute d'une assemblée qui avait foulé aux pieds toutes les libertés, et qu'elles laisseraient faire sans protester par l'appel aux armes.

Les principales mesures arrêtées d'avance étaient les suivantes :

1° Impression à l'imprimerie nationale, avec le concours de M. de Saint-Georges, directeur de cet établissement, des décrets et proclamations du nouveau gouvernement ; publication et affiche de ces pièces à la première heure du jour ; saisie dans les bureaux et les imprimeries de tous les journaux hostiles ;

2° Arrestation, pendant la nuit, avec le concours simultané de l'armée et la police, des chefs de la majorité parlementaire, des généraux et des représentants de la Montagne dont on redoutait l'influence et l'autorité sur le peuple ;

3° Occupation du Palais de l'Assemblée nationale, et répartition des différents corps de troupes sur les points les plus menacés de la capitale.

Malgré toutes les précautions prises, on ne laissait pas d'être inquiet, à l'Élysée, sur les résultats possibles de l'entreprise. M. Belouino dit des personnages qui s'associèrent au Président de la République :

« Certes, ils jouaient leur tête aussi bien que le Président. Quelles que soient les prévisions du génie, le hasard, lui aussi, a ses chances ; l'imprévu a les siennes. En cas d'insuccès, les passions déchaînées de la démagogie et des partis auraient peut-être, ainsi que M. Leflô en menaçait ceux qui l'arrêtaient, fusillé à Vincennes le Président et ceux qu'alors on eût appelés ses complices (1). »

Laissons la parole à M. Véron pour raconter ce qui se passa dans la nuit du 1er au 2 décembre.

« Le 2 décembre fut choisi comme anniversaire de la bataille d'Austerlitz.

« Toutes les nuits, un bataillon d'infanterie montait la garde aux divers postes de l'Assemblée nationale. Le bataillon qui devait prendre le service à six heures du matin, le 2 décembre, appartenait à un régiment dont M. Espinasse, aujourd'hui général, était colonel. On savait ce régiment et ce colonel dévoués au prince Louis-Napoléon. Cette coïncidence concourut peut-être aussi à faire préférer cette date du 2 décembre.

« Le 1er décembre au soir, il y eut dîner et réception à l'Elysée. A huit heures, M. Mocquart se rendit dans le cabinet du Président de la République. Le prince Louis-Napoléon, dès la veille, avait recommandé à M. Mocquart de rassembler toutes les pièces relatives au coup d'Etat en un seul dossier. Parmi ces pièces figurait un des décrets du coup d'Etat Carlier : c'était le décret qui

_____

(1) M. Bélouino, *Histoire d'un coup d'Etat*, p. 62.

dissolvait la Chambre, le conseil d'Etat, et rétablissait le suffrage universel. Sur la chemise de ce dossier, le prince écrivit au crayon : *Rubicon*.

« La réunion dans les salons de l'Elysée était peu nombreuse. Vers neuf heures du soir, le prince rejoint M. Mocquart dans son cabinet, et lui dit en souriant :

— « Personne à l'Elysée ne se doute de rien. »

« Il jette un coup d'œil sur toutes les pièces qui devaient être portées à l'imprimerie nationale, et fait écrire par M. Mocquart une circulaire pour tous les ministres d'alors, qui n'étaient point dans le secret. Cette lettre d'avis, très-brève, les prévenait seulement qu'on les instruirait le lendemain matin des mesures prises. Il fut d'ailleurs convenu qu'elle ne serait portée à domicile qu'à une heure très avancée de la nuit. Le prince revint bientôt dans les salons (1). »

M. Vieyra, le nouveau chef d'état-major de la garde nationale était présent.

« Le Prince, étant adossé à une cheminée, fit signe à M. Vieyra, colonel d'état-major de la garde nationale, d'approcher, et lui dit, assez bas pour n'être entendu que de lui :

— « Colonel, êtes-vous assez fort pour ne rien laisser voir d'une vive émotion sur votre visage ?

— « Prince, je le crois.

— « Eh bien ! c'est pour cette nuit !..... Pouvez-vous m'affirmer que demain on ne battra pas le rappel ?

— « Oui, prince, si j'ai assez de monde pour porter mes ordres.

— « Voyez Saint-Arnaud.

— « Il faut, ajouta Louis-Napoléon, que vous couchiez ce soir à l'état-major.

— « Mais, si l'on me voyait passer la nuit sur un fauteuil à l'état-major, cela étonnerait.

— « Vous avez raison. Soyez-y à six heures du matin, vous serez averti : *Qu'aucun garde national ne sorte en uniforme*. Allez. — Non, pas encore, vous auriez l'air de vous retirer par mon ordre.

« Le prince s'éloigne, et le colonel va saluer des per-

(1) Véron, *Mémoires d'un Bourgeois de Paris*, p. **171** et **172**.

sonnes de sa connaissance, sans qu'on pût se douter qu'il venait de recevoir une si terrible confidence (1). »

M. Vieyra exécuta fidèlement les ordres qui venaient de lui être donnés. On a même rapporté qu'il fit crever à l'état-major les caisses des tambours de la garde nationale dans la crainte qu'ils ne réveillassent les bourgeois de la capitale et qu'ils ne vinssent renverser tous les projets conçus.

Les initiés aux projets de la nuit et du lendemain ne devaient se réunir à l'Elysée que vers dix heures du soir; en attendant l'heure fixée, M. de Morny se rendit à l'Opéra-Comique, où il parut dans une des loges d'avant-scène, où chacun put le voir, nous dit M. Véron, très-élégant et saluant d'un geste cordial tous ses amis. Pendant l'entr'acte il alla visiter Madame Liadières dans sa loge.

— « Monsieur de Morny, dit-elle, on disait tantôt, que le Président de la République va balayer la Chambre. Que ferez-vous?

« — Madame, répondit M. de Morny, s'il y a un coup de balai, je tâcherai de me mettre du côté du manche. »

« Avec un peu d'attention, ajoute le docteur Véron, mais ils étaient bien loin de songer au péril qui les menaçait, le général Cavaignac et le général Lamoricière, assis dans une loge à côté, auraient entendu la question de Madame Liadières et la réponse de M. de Morny (2).

## VI.

### A L'ÉLYSÉE. — PIÈCES OFFICIELLES.

Vers onze heures, le Président de la République, M. Mocquart, MM. de Morny, de Maupas et Saint-Ar-

(1) Véron, *Nouveaux Mémoires d'un Bourgeois de Paris*, pages 343 et 344.
(2) *Nouveaux Mémoires d'un Bourgeois de Paris*, par Véron, p. 344 et 345.

naud se trouvaient de nouveau réunis dans les salons de l'Elysée assistant à une conférence définitive. Louis-Napoléon venait de signer le décret qui appelait M. de Morny au ministère de l'intérieur, en remplacement de M. de Thorigny, M. de Béville, officier d'ordonnance parut un instant pour prendre les pièces qui devaient être portées à l'imprimerie nationale, et les confier au général Fleury, spécialement chargé de faire exécuter cette première partie du programme du coup d'État.

« Après le départ de M. de Béville, MM. de Morny, Maupas et de Saint-Arnaud résumèrent toutes les mesures qui devaient s'exécuter simultanément, ou se succéder. Bientôt le prince Louis-Napoléon lève la séance. M. de Morny, s'adressant à ses collègues, leur dit simplement :

— Il est bien entendu, messieurs, que chacun de nous y laisse sa peau.

— « La mienne est déjà bien usée, répliqua M. Mocquart, et je n'ai pas grand'chose à perdre. »

« Rien d'inaccoutumé dans cette demeure silencieuse, dont le calme et la solitude eussent déconcerté tous les soupçons...

« Après le départ de MM. de Morny, Maupas, de Saint-Arnaud, le prince s'aperçoit que le ministre de la guerre à laissé sur la table une pièce importante, et il charge M. Mocquart de la lui porter sans retard.

« M. Mocquart trouve le ministre dans son cabinet, en robe de chambre.

— « Général, vous n'êtes pas en costume de guerre ?

— « Se reposer la nuit, c'est le moyen d'être en bonne disposition le lendemain matin. »

« Le ministre et le chef de cabinet du prince restent ensemble une demi-heure, à se promener de long en large dans l'appartement, et surtout à rire de la figure que feraient le lendemain les deux plus petits hommes de l'Assemblée législative, MM. Thiers et Baze, lorsqu'ils se verraient faits prisonniers, en chemise.

« Le prince, resté seul, se coucha et donna l'ordre de le réveiller à cinq heures, au besoin pendant la nuit (1). »

_____

(1) Véron, *Mémoires d'un Bourgeois de Paris*, p. 175 et 176.

Voyons maintenant ce qui se passait à l'imprimerie nationale où s'accomplit le premier acte du coup d'État. Vers minuit, une compagnie de gendarmerie mobile était venu occuper l'imprimerie nationale, sans bruit et avec assez de prudence pour ne répandre aucune alarme dans le quartier. Ordre avait été donné au capitaine, M. de Laroche d'Oisy, d'obéir aveuglément au directeur de l'établissement, quoi qu'il pût lui commander. M. Fleury, qui surveillait l'exécution de cette mesure, avait fait prévenir le directeur de l'imprimerie de se trouver à son poste à onze heures du soir, pour un travail urgent. Bientôt un fiacre entre dans la cour. M. de Béville, en uniforme et muni de deux pistolets, en descend, et se rend auprès du directeur de l'établissement, au moment même où la compagnie de gendarmerie pénétrait dans la cour.

« Il est minuit ! raconte M. Bélouino. Qu'à peu de chose tient le sort d'une révolution ! On peut supposer mille causes, et des plus simples, qui eussent fait sombrer, dans l'océan des rues de Paris, ce nouvel esquif portant César et sa fortune. M. de Béville, colonel d'état-major et officier d'ordonnance du prince, descendit du fiacre avec un paquet cacheté, contenant les décrets et proclamations, de la main même de Louis-Napoléon, avec sa signature, celles de deux de ses ministres et de M. de Maupas. On remise la voiture. Le cocher est enfermé dans une salle basse... Heureusement, tout se passait à l'abri des regards, car quiconque eût pu voir la physionomie de cette scène nocturne, eût compris qu'un grand événement se préparait. On charge silencieusement les armes, puis des sentinelles sont placées partout, aux portes, aux fenêtres.

— « Si quelqu'un sort ou s'approche d'une fenêtre, vous ferez feu, » leur dit-on.

« Chaque sentinelle, l'œil attentif et la main sur son arme, veille sur ce qui se fait (1). »

M. Véron rapporte encore le détail lugubre qui suit :

« Un de ces vieux soldats, en visitant la batterie de son fusil, disait gaiement :

(1) M. Bélouino, *Histoire d'un coup d'État*, p. 69 et 70.

— « Allons, mon vieux camarade, nous aussi, nous allons causer politique (1). »

Les ouvriers, consignés depuis la veille pour un travail urgent, sont sous la surveillance du directeur et du colonel de Béville. Les manuscrits avaient été découpés de telle sorte que les compositeurs ne pussent deviner le sens de la matière qu'ils composaient. Malgré cette précaution, ils conçurent de la méfiance ; quelques-uns même se refusèrent au travail ; mais on plaça auprès de chacun d'eux deux agents de police, et il fallut obéir.

« Tout est terminé à trois heures et demie. On réunit les gendarmes et on leur lit les pièces imprimées. Il faut comprimer leur enthousiasme. Pendant que le capitaine continue de veiller à ce que personne ne puisse sortir de l'établissement, le même fiacre qui avait amené le colonel de Béville, le conduisait avec les imprimés à la préfecture de police. M. de Saint-Georges l'accompagnait (2). » ·

Les afficheurs de la préfecture de police, qui avaient été convoqués de fort bonne heure, reçurent les décrets et les proclamations ; ils se répandirent aussitôt dans tous les quartiers, escortés par des sergents de ville.

Bientôt après on lisait sur les murs de la capitale les pièces suivantes :

## PROCLAMATION DU PRÉSIDENT DE LA RÉPUBLIQUE.

### APPEL AU PEUPLE.

Français !

La situation actuelle ne peut durer plus longtemps. Chaque jour qui s'écoule aggrave les dangers du pays. L'Assemblée, qui devait être le plus ferme appui de l'ordre est devenue un foyer de complots. Le patriotisme de trois cents de ces membres n'a pu arrêter ses fatales tendances.

(1) Véron, *Mémoires d'un Bourgeois de Paris*, p. 175.
(2) M. Bélouino, *Histoire d'un coup d'État*, p. 70.

Au lieu de faire des lois dans l'intérêt général, elle forge des armes pour la guerre civile ; elle attente au pouvoir que je tiens directement du Peuple ; elle encourage toutes les mauvaises passions ; elle compromet le repos de la France : je l'ai dissoute, et je rends le Peuple entier juge entre elle et moi.

La Constitution, vous le savez, avait été faite dans le but d'affaiblir d'avance le pouvoir que vous alliez me confier. Six millions de suffrages furent une éclatante protestation contre elle, et cependant je l'ai fidèlement observée. Les provocations, les calomnies, les outrages, m'ont trouvé impassible. Mais, aujourd'hui que le pacte fondamental n'est plus respecté de ceux-là même qui l'invoquent sans cesse, et que les hommes qui ont déjà perdu deux monarchies veulent me lier les mains, afin de renverser la République, mon devoir est de déjouer leurs perfides projets, de maintenir la République, et de sauver le pays en invoquant le jugement solennel du seul souverain que je reconnaisse en France, le Peuple.

Je fais donc un appel loyal à la nation tout entière, et je vous dis : Si vous voulez continuer cet état de malaise qui nous dégrade et compromet notre avenir, choisissez un autre à ma place, car je ne veux plus d'un pouvoir qui est impuissant à faire le bien, me rend responsable d'actes que je ne puis empêcher, et m'enchaîne au gouvernail quand je vois le vaisseau courir vers l'abîme.

Si, au contraire, vous avez encore confiance en moi, donnez-moi les moyens d'accomplir la grande mission que je tiens de vous.

Cette mission consiste à fermer l'ère des révolutions en satisfaisant les besoins légitimes du peuple, et en le protégeant contre les passions subversives. Elle consiste surtout à créer des institutions qui survivent aux hommes, et qui soient enfin des fondations sur lesquelles on puisse asseoir quelque chose de durable.

Persuadé que l'instabilité du pouvoir, que la prépondérance d'une seule Assemblée sont des causes permanentes de trouble et de discorde, je soumets à vos suffrages les bases fondamentales suivantes d'une Constitution que les Assemblées développeront plus tard :

1° Un chef responsable nommé pour dix ans ;

2° Des ministres dépendants du pouvoir exécutif seul ;

3° Un conseil d'État formé des hommes les plus distingués, préparant les lois et en soutenant la discussion devant le Corps législatif;

4° Un Corps législatif discutant et votant les lois, nommé

par le suffrage universel, sans scrutin de liste qui fausse l'élection ;

5° Une seconde Assemblée formée de toutes les illustrations du pays, pouvoir pondérateur, gardien du pacte fondamental et des libertés publiques.

Ce système créé par le premier consul au commencement du siècle, a déjà donné à la France le repos et la prospérité ; il les lui garantirait encore.

Telle est ma conviction profonde. Si vous la partagez, déclarez-le par vos suffrages ; si, au contraire, vous préférez un gouvernement sans force, monarchique ou républicain, emprunté à je ne sais quel passé ou à quel avenir chimérique, répondez négativement.

Ainsi donc, pour la première fois depuis 1804, vous voterez en connaissance de cause, en sachant bien pour qui et pour quoi.

Si je n'obtiens pas la majorité de vos suffrages, alors je provoquerai la réunion d'une nouvelle Assemblée, et je lui remettrai le mandat que j'ai reçu de vous.

Mais, si vous croyez que la cause dont mon nom est le symbole, c'est-à-dire, la France régénérée par la Révolution de 89 et organisée par l'empereur, est toujours la vôtre, proclamez-le en consacrant les pouvoirs que je vous demande.

Alors la France et l'Europe seront préservées de l'anarchie, les obstacles s'aplaniront, les rivalités auront disparu, car tous respecteront, dans l'arrêt du peuple, le décret de la Providence.

Fait au palais de l'Elysée, le 2 décembre 1851.

LOUIS-NAPOLÉON BONAPARTE.

## AU NOM DU PEUPLE FRANÇAIS.

Le Président de la République décrète :

Art. 1er. L'Assemblée nationale est dissoute.

Art. 2. Le suffrage universel est rétabli. La loi du 31 mai est abrogée.

Art. 3. Le Peuple français est convoqué dans ses comices à partir du 14 décembre jusqu'au 21 décembre suivant.

Art. 4. L'état de siége est décrété dans l'étendue de la première division militaire.

Art. 5. Le conseil d'État est dissous.

8

Art. 6. Le ministre de l'intérieur est chargé de l'exécution du présent décret.

Fait au palais de l'Elysée, le 2 décembre 1851.

Louis-Napoléon Bonaparte.

*Le Ministre de l'intérieur,*
De Morny.

---

## PROCLAMATION DU PRÉSIDENT DE LA RÉPUBLIQUE.

### A L'ARMÉE.

Soldats !

Soyez fiers de votre mission, vous sauverez la patrie, car je compte sur vous, non pour violer les lois, mais pour faire respecter la première loi du pays, la souveraineté nationale, dont je suis le légitime représentant.

Depuis longtemps vous souffriez comme moi des obstacles qui s'opposaient, et au bien que je voulais vous faire et aux démonstrations de votre sympathie en ma faveur. Ces obstacles sont brisés. L'Assemblée a essayé d'attenter à l'autorité que je tiens de la nation entière ; elle a cessé d'exister.

Je fais un loyal appel au Peuple et à l'armée, et je lui dis : Ou donnez-moi les moyens d'assurer votre prospérité, ou choisissez un autre à ma place.

En 1830 comme en 1848, on vous a traités en vaincus. Après avoir flétri votre désintéressement héroïque, on a dédaigné de consulter vos sympathies et vos vœux, et cependant vous êtes l'élite de la nation. Aujourd'hui en ce moment solennel, je veux que l'armée fasse entendre sa voix.

Votez donc librement comme citoyens ; mais, comme soldats, n'oubliez pas que l'obéissance passive aux ordres du chef du gouvernement est le devoir rigoureux de l'armée, depuis le général jusqu'au soldat. C'est à moi, responsable de mes actions devant le Peuple et devant la postérité, de prendre les mesures qui me semblent indispensables pour le bien public.

Quant à vous, restez inébranlables dans les règles de la discipline et de l'honneur. Aidez, par votre attitude imposante, le pays à manifester sa volonté dans le calme et la réflexion. Soyez prêts à réprimer toute tentative contre le libre exercice de la souveraineté du Peuple.

Soldats, je ne vous parle pas des souvenirs que mon nom rappelle. Ils sont gravés dans vos cœurs. Nous sommes unis par des liens indissolubles. Votre histoire est la mienne; il y a entre nous dans le passé communauté de gloire et de malheur. Il y aura dans l'avenir communauté de sentiments et de résolutions pour le repos et la grandeur de la France.

Fait au palais de l'Elysée, le 2 décembre 1851.

LOUIS-NAPOLÉON BONAPARTE.

## COMPOSITION DU MINISTÈRE[1].

MM. DE MORNY, intérieur;
  FOULD, finances;
  ROUHER, justice;
  MAGNE, travaux publics;
  LACROSSE, marine;
  CASABIANCA, commerce;
  SAINT-ARNAUD, guerre;
  FORTOUL, instruction publique;
  TURGOT, affaires étrangères.

Pour le préfet de police,
*Le secrétaire général,*
SILVAIN BLOT.

(Cette affiche, sans date, est du 2 décembre, à midi.

## LE PRÉFET DE POLICE

### AUX HABITANTS DE PARIS.

Habitants de Paris,

Le Président de la République, par une courageuse initiative, vient de déjouer les machinations des partis et de mettre un terme aux angoisses du pays.

C'est au nom du Peuple, dans son intérêt et pour le maintien de la République, que l'événement s'est accompli.

C'est au jugement du Peuple que Louis-Napoléon Bonaparte soumet sa conduite.

La grandeur de l'acte vous fait assez comprendre avec quel calme imposant et solennel doit se manifester le libre exercice de la souveraineté populaire.

Aujourd'hui donc, comme hier, que l'ordre soit notre drapeau ; que tous les bons citoyens, animés comme moi de l'amour de la Patrie, me prêtent leur concours avec une inébranlable résolution.

Habitants de Paris,

Ayez confiance dans celui que six millions de suffrages ont élevé à la première magistrature du pays. Lorsqu'il appelle le Peuple entier à exprimer sa volonté, des factieux seuls pourraient vouloir y mettre obstacle.

Toute tentative de désordre sera donc promptement et inflexiblement réprimée.

Paris, le 2 décembre 1851.

*Le Préfet de police,*

DE MAUPAS.

---

## AU NOM DU PEUPLE FRANÇAIS.

Le Président de la République,

Considérant que la souveraineté réside dans l'universalité des citoyens, et qu'aucune fraction du Peuple ne peut s'en attribuer l'exercice, vu les lois et arrêtés qui ont réglé jusqu'à ce jour le mode de l'appel au Peuple, et notamment les décrets du 5 fructidor an III, 24 et 25 frimaire an VIII, l'arrêté du 20 floréal an X, le sénatus-consulte du 28 floréal an XII,

Décrète :

Art. 1er. Le Peuple français est solennellement convoqué dans ses comices, le 14 décembre présent mois, pour accepter ou rejeter le plébiscite suivant :

« Le Peuple français veut le maintien de l'autorité de Louis-Napoléon Bonaparte, et lui délègue les pouvoirs nécessaires pour établir une Constitution sur les bases proposées dans sa proclamation du... »

Art. 2. Sont appelés à voter tous les Français âgés de vingt et un ans jouissant de leurs droits civils et politiques.

Ils devront justifier soit de leur inscription sur les listes électorales en vertu de la loi du 15 mars 1849, soit de l'accomplissement, depuis la formation des listes, des conditions exigées par cette loi.

Art. 3. A la réception du présent décret, les maires de chaque commune ouvriront deux registres sur papier libre : l'un d'acceptation, l'autre de non-acceptation du plébiscite.

Dans les quarante-huit heures de la réception du présent décret, les juges de paix se transporteront dans les communes de leurs cantons pour surveiller et assurer l'ouverture et l'établissement de ces registres.

En cas de refus, d'abstention ou d'absence de la part des maires, les juges de paix délégueront soit un membre du conseil municipal, soit un notable du pays, pour la réception des votes.

Art. 4. Ces registres demeureront ouverts aux secrétariats de toutes les municipalités de France pendant huit jours, depuis huit heures du matin jusqu'à six heures du soir, et ce, à partir du dimanche 14 décembre jusqu'au dimanche soir suivant, 21 décembre (1).

Les citoyens consigneront ou feront consigner, dans le cas où ils ne sauraient pas écrire, leur vote sur l'un de ces registres, avec mention de leurs nom et prénoms.

Art. 5. A l'expiration du délai fixé par l'article précédent, et dans les vingt-quatre heures au plus tard, le nombre des suffrages exprimés sera constaté. Chaque registre sera clos et transmis par le fonctionnaire dépositaire au sous-préfet, qui le fera parvenir immédiatement au préfet du département.

Le dénombrement des votes, la clôture et la transmission des registres tenus par les maires, seront surveillés par les juges de paix.

Art. 6. Une commission composée de trois conseillers généraux désignés par le préfet fera aussitôt le recensement de tous les votes exprimés dans le département.

Le résultat de ce travail sera transmis par la voie la plus rapide au ministre de l'intérieur.

Art. 7. Le recensement général des votes exprimés par le Peuple français aura lieu à Paris, au sein d'une commission qui sera instituée par un décret ultérieur.

Le résultat sera promulgué par le pouvoir exécutif..

Art. 8. Les frais faits et avancés par l'administration centrale et communale, et les frais de déplacement des

_____

(1) Cette façon de voter, imitée du premier Empire, trouva peu d'adhérents, et fut remplacée quelques jours après par le vote secret.

juges de paix pour l'établissement des registres, seront acquittés, sur la présentation des quittances ou sur la déclaration des fonctionnaires, par les receveurs de l'enregistrement ou les percepteurs des contributions directes.

Art. 9. Le ministre de l'intérieur est chargé d'activer et de régulariser la formation, l'ouverture, la tenue, la clôture et l'envoi des registres.

Fait au palais de l'Élysée, le 2 décembre 1851.

LOUIS-NAPOLÉON BONAPARTE.

*Le Ministre de l'intérieur,*
DE MORNY.

En même temps la circulaire suivante, partie du ministère de l'intérieur, le 2 décembre, était adressée à tous les préfets :

« Monsieur le Préfet,

« Les partis qui s'agitent dans l'Assemblée menaçaient la France de compromettre son repos en fomentant, contre le gouvernement, des complots dont le but était de le renverser. L'Assemblée a été dissoute aux applaudissements de toute la population de Paris.

« A la réception de la présente, vous ferez afficher dans toutes les communes les proclamations du Président de la République, et vous enverrez aux maires, ainsi qu'aux juges de paix, les circulaires que je vous adresse, avec le modèle du registre des votes.

« Vous veillerez à la stricte exécution des dispositions prescrites par ces circulaires. Vous remplacerez immédiatement les juges de paix, les maires et les autres fonctionnaires dont le concours ne vous serait pas assuré.

« Dans ce but, vous demanderez à tous les fonctionnaires publics de vous donner par écrit leur adhésion à la grande mesure que le gouvernement vient d'adopter.

« Vous ferez arrêter immédiatement tout individu qui tenterait de troubler la tranquillité, et vous ferez suspendre tout journal dont la polémique pourrait y porter atteinte.

« Je compte, Monsieur le Préfet, sur votre dévouement et sur votre zèle pour prendre toutes les précautions nécessaires au maintien de l'ordre public, et, à cet effet, vous vous concerterez tant avec le général commandant le département qu'avec les autorités judiciaires.

« Vous m'accuserez réception de cette dépêche par voie

télégraphique, et vous me ferez, jusqu'à nouvel ordre, un rapport quotidien sur l'état de votre département. Je n'ai pas besoin de vous recommander de me faire parvenir par le télégraphe toute nouvelle ayant quelque gravité.

« Recevez, Monsieur le Préfet, l'assurance de ma considération distinguée.

« *Le Ministre de l'intérieur,*
» DE MORNY. »

Nous reviendrons plus tard sur l'effet que produisirent les proclamations du nouveau gouvernement, sur l'esprit de la population. Nous compléterons le récit des événements de la nuit, en rapportant comment se firent les arrestations : ici commence le rôle de M. Maupas.

« Il lui fallut surtout, dit M. Mayer, cette chaleur de cœur, cet enthousiasme de dévouement dont la jeunesse ne fait qu'exciter les élans. Quelle responsabilité de signer de son nom, sans hésitation aucune, et en temps de paix, l'ordre d'arrêter des généraux et des représentants que l'on considérait comme les gloires militaires et parlementaires de la France (1) ! »

## V.

### ARRESTATION DES QUESTEURS, DES GÉNÉRAUX ET DES DÉPUTÉS.

Les arrestations à opérer concernaient deux catégories de personnes : dix-huit représentants du peuple, considérés comme les chefs parlementaires les plus redoutables par leur célébrité, leur patriotisme ou leur influence sur le peuple, et soixante citoyens ayant présidé des sociétés secrètes ou conduit le peuple dans nos luttes pour la liberté.

C'étaient, parmi les représentants, MM. les généraux Changarnier, Cavaignac, Lamoricière, Leflô et Bedeau, le

_____

(1) *Histoire du 2 décembre,* par Mayer, p. 55.

colonel Charras, M. Thiers, si redouté à la tribune,
M. Baze, questeur de l'Assemblée, Beaune, le capitaine
Cholat, MM. Lagrange, Greppo, Miot, Nadaud, Roger du
Nord et le lieutenant Valentin.

Parmi les autres citoyens, on distinguait MM. Mayen,
Cahaigne, Malapert, Wasbenter, Geniller, Beaune, le frère
du représentant, etc.

« Quelques-uns de ces personnages, appartenant à
l'Assemblée, dit M. Belouino, étaient depuis longtemps
signalés par leurs violences de langage, par leurs menaces. Ils trahissaient ainsi d'une façon ostensible pour
les moins clairvoyants, leurs desseins contre l'élu du
10 décembre. Leur plan d'attaque était préparé ; il était
connu jusque dans ses plus secrets détails, et leur arrestation, si elle n'était pas la condition indispensable du
succès, avait certainement pour résultat de paralyser la
lutte et d'en amoindrir considérablement les conséquences
toujours fatales. Il y avait environ soixante-dix-huit personnes à enlever dans la matinée du 2. Depuis à peu près
quinze jours toutes leurs démarches étaient surveillées
par des agents secrets qui ne se doutaient aucunement
des motifs de la surveillance qu'ils exerçaient vis-à-vis
d'eux et n'avaient aucune idée de l'ensemble de la mesure.

« Il existe dans tous les quartiers de Paris des bureaux
de police, où chaque soir les agents qui ont été de service pendant le jour, se réunissent pour répondre à l'appel. C'est de là qu'ils partent pour retourner chez eux.
Dans un grand nombre de ces bureaux, les agents furent
consignés et enfermés, le soir du lundi 1er, à onze heures.
Ordre leur fut donné d'attendre qu'un commissaire ou un
officier de paix vînt les prévenir de ce qu'il y aurait à
faire. A la préfecture de police, on consignait également
un grand nombre d'agents et une partie des brigades de
sûreté. On donnait pour motif de ces mesures la présence
dans la capitale de MM. Ledru-Rollin, Louis Blanc et
des autres réfugiés de Londres. Les commissaires et officiers de paix, qui avaient consigné les agents dans leurs
bureaux respectifs, avaient dû venir immédiatement à la
préfecture de police. A minuit, on les faisait entrer dans
des salles séparées, où ils devaient attendre des ordres.

Ceux qui n'avaient pas eu des agents à consigner ne furent prévenus qu'à trois heures du matin.

« Tout le personnel nécessaire à l'action était sous la main du préfet une heure plus tard. Ce fut à cinq heures que les commissaires de police furent appelés séparément dans le cabinet de M. Maupas, où ils reçurent leurs instructions et leurs mandats. A chacun, on donnait, pour l'accompagner dans sa mission, des hommes choisis et d'exécution. Ces agents secondaires ignoraient dans quel but on procédait aux arrestations ; mais les commissaires recevaient du préfet de police la confidence précise du coup d'État fait par le président. Tous lui promirent leur concours dévoué et partirent, décidés à ne reculer devant aucun obstacle, à surmonter toutes les difficultés (1). Pas un des commissaires n'hésita ; pas un ne fit une objection. En descendant de la préfecture, les commissaires trouvaient sur les quais des voitures qui les attendaient, et qui les emportaient rapidement sur les points où ils avaient à agir. Les uns emmenaient des escouades de la préfecture même, les autres allaient prendre les agents qu'ils avaient consignés dans leurs quartiers respectifs. Seize mandats étaient décernés contre des représentants, sous prévention de complot contre la sûreté de l'État (2).

« Toutes les arrestations devaient être faites au même instant et précéder d'un quart d'heure environ l'occupation des points stratégiques par les troupes. Le palais de l'Assemblée devait être envahi au moment même où on procédait aux arrestations sur les différents points de Paris. Tout fut exécuté avec une admirable ponctualité. A six heures les sergents de ville se promenaient dans les rues par groupes aux environs des numéros désignés,

(1) « Une conspiration, avait dit M. Maupas aux commissaires, est sur le point d'éclater contre le président de la république. Nous connaissons tous les complices, LA JUSTICE EST SAISIE. Voici des mandats d'arrêt contre les généraux Cavaignac, Lamoricière, Changarnier, Leflô, contre le colonel Charras, contre MM. Thiers, Baze, tous compromis dans cette affaire. Il faut que ces arrestations soient faites très-secrètement avant le lever du jour. » (Véron, *Mémoires d'un Bourgeois de Paris*, p. 180.)

(2) Les mandats, tous semblables, énonçaient l'accusation de *complot contre la sûreté de l'Etat et détention d'armes de guerre.*

prêts à agir si on réclamait leur concours. A six heures cinq minutes les commissaires procédaient à toutes les arrestations. Elles furent promptement faites, à l'exception de quelques-unes qui donnèrent plus de mal (1). »

Les personnes arrêtées devaient être conduites à Mazas, ce *modèle des prisons* modernes, selon l'expression de M. Belouino.

Cette prison était gardée par de nombreux corps d'infanterie, d'artillerie et de cavalerie, sous le commandement du colonel Thiérion, qui s'y était établi à cinq heures du matin. Quoique la plupart des historiens du 2 décembre aient loué *la fermeté qu'il joignit à la courtoisie,* et qu'ils se soient plu à citer certains propos des citoyens mis en arrestation qui peignaient leur découragement, il est beaucoup plus vrai de dire que tous montrèrent autant de dignité que de courage, et que l'amour-propre du colonel Thiérion eut cruellement à souffrir de certains reproches qui lui furent adressés à brûle-pourpoint, et qu'il ne put relever.

Les circonstances dans lesquelles les arrestations furent opérées firent naître quelques incidents curieux et instructifs.

L'occupation du palais de l'Assemblée nationale pouvait présenter quelques difficultés. Le général de division Renaud, spécialement chargé des opérations sur la rive gauche de la Seine, avait choisi, pour occuper le palais de l'Assemblée, le colonel Espinasse, déjà connu par l'expédition de Rome. Depuis quelque temps, et notamment la veille, il avait étudié les abords du palais législatif et sa disposition intérieure.

Dans la nuit du lundi 1er décembre, l'Assemblée était gardée par un bataillon du 42e de ligne, commandé par le chef de bataillon Meunier, et une batterie d'artillerie. Ces troupes étaient sous les ordres supérieurs du lieutenant-colonel Niol du 44e de ligne, qui avait été appelé à ce commandement par les questeurs de l'Assemblée, et qui était sous les ordres immédiats des questeurs et du Président; elles étaient casernées dans les dépendances du palais, et relevées chaque jour, de telle sorte que les

(3) M. Belouino, *Histoire d'un coup d'Etat,* pages 70 et *suiv.*

officiers et sous-officiers ne pouvaient entretenir avec les membres de l'Assemblée des rapports constants, qui eussent altéré l'obéissance absolue que le pouvoir exécutif exigeait d'eux.

Les auteurs du coup d'État avaient bien songé à gagner le lieutenant-colonel Niol; mais son patriotisme, son dévouement bien connu à l'Assemblée, son attachement à la Constitution et aux lois, avaient bientôt fait juger qu'un caractère ainsi trempé était inaccessible à la trahison. On crut cependant qu'il était prudent de s'assurer la coopération des officiers du bataillon posté à l'Assemblée. Un de ces officiers fut mandé secrètement, dans la nuit, à l'Ecole militaire, où le général Renaud tenait son quartier général.

A quatre heures du matin, M. de Persigny arrivait chez le général Renaud pour lui porter l'ordre d'agir; et une heure après, toutes les troupes étaient sur pied, ignorant encore leur destination.

La réussite du coup d'État dépendait assurément du succès du coup de main qui allait être tenté contre l'Assemblée nationale.

On ne doutait pas que M. Dupin, dont la pusillanimité dépassa même l'attente de ceux qui conspiraient contre l'Assemblée, se garderait bien d'opposer la moindre résistance; mais on avait tout à craindre des deux questeurs, le général Leflô et M. Baze, qui étaient logés dans le palais avec le président de l'Assemblée.

Ces deux hommes, à qui le patriotisme devait inspirer la plus grande énergie, pouvaient, si l'éveil leur était donné, se défendre derrière les grilles du palais, et, par une résistance même momentanée, donner à la capitale le signal d'une lutte terrible, et dont les conséquences pouvaient être désastreuses pour ceux qui avaient machiné le coup d'État. Mais un concours de circonstances heureuses pour ces derniers devait faciliter leur tâche.

Le chef de bataillon Meunier, qui n'avait pas été mis dans la confidence, ainsi que les autres officiers placés sous ses ordres, avait pris, comme de coutume, la consigne du lieutenant-colonel Niol. A minuit, celui-ci avait fait sa ronde habituelle, et était allé prendre du repos. Vers deux heures du matin, le commandant Meunier, en

faisant à son tour une ronde, entendit quelques chucho-
tements qui lui parurent suspects, et remarqua quelques
allées et venues de mauvais présage. Il chercha le capitaine adjudant-major ; mais cet officier avait été mandé à
l'École militaire par le colonel Espinasse. On sut plus
tard dans quel but, car ce fut lui qui facilita au colonel
Espinasse l'entrée du palais législatif.

De plus en plus inquiet, le commandant essaya d'arriver jusqu'au lieutenant-colonel ; mais il ne put trouver
son appartement. Ce fut seulement à cinq heures et
demie du matin qu'il put l'aborder et lui manifester ses
craintes. Le lieutenant-colonel se leva en toute hâte ; il
était déjà trop tard, le palais était envahi.

A cinq heures et demie précises, le colonel Espinasse
partait de l'École militaire avec quatre compagnies d'élite
seulement, des deux bataillons de son régiment, le 42e,
qui restaient au quartier. Les sapeurs l'accompagnaient.
Le reste des deux bataillons devait se porter sur l'Assemblée à six heures moins un quart. La marche fut silencieuse. On fit halte assez loin de la grille pour n'être pas
aperçu. Le colonel s'avança avec ses sapeurs, qu'il laissa
à distance, et leur montrant une petite porte qui donne
sur la rue de l'Université, il leur dit :

— « Je vais frapper à cette porte ; si on l'ouvre, dès
que vous me verrez entrer, vous arriverez. »

« On l'aurait certainement enfoncée si on eût refusé de
l'ouvrir (1). »

La capitaine adjudant-major, qui avait été gagné,
comme nous l'avons déjà dit, ouvrit la petite porte par
laquelle le colonel Espinasse entra avec ses sapeurs, qui
furent bientôt suivis par les grenadiers.

Le commandant Meunier, qui sortait de chez M. Niol,
aperçoit alors son colonel, à la tête de sa troupe, dans
l'allée qui conduit à l'hôtel de la présidence, et l'arrête
en disant :

« Mon colonel, que venez-vous faire ici ?

— « Je viens renforcer la garde de l'Assemblée, répond le colonel, et en prendre le commandement, suivant
les ordres du prince. »

(1) M. Belouino, *Histoire d'un coup d'Etat*, p. 86. Voir également
*Paris en décembre* 1851, par Eugène Tenot, p. 114 et suivantes.

Le commandant ayant fait des objections et opposé sa consigne :

« Vous me reconnaissez pour votre colonel, répliqua M. Espinasse ; en cette qualité, je vous ordonne d'obéir.

— « Ah! vous me déshonorez, colonel. »

Telle fut la réponse du brave commandant Meunier, et, en disant ces mots, il arracha ses épaulettes et brisa son épée, dont il jeta les débris aux pieds du colonel Espinasse.

M. Belouino jette un peu d'ombre sur cette scène, dont il abrége le récit en disant :

« Le commandant crut devoir donner sa démission, et retourna immédiatement à son logis, au quartier militaire. »

Le bataillon et l'artillerie de garde furent renvoyés au quartier, et immédiatement remplacés par les deux autres bataillons du 42ᵉ, qui occupèrent tous les postes et toutes les issues du palais.

M. de Persigny, qui observait d'assez près la première partie de l'exécution du coup d'État, se rendit en toute hâte à l'Élysée pour y annoncer que tout allait bien.

Le colonel Espinasse, guidé par un des agents de service auprès de l'Assemblée, se porta vers l'appartement de M. Niol. En le voyant, le lieutenant-colonel, qui n'avait pas achevé de se vêtir, fit un mouvement pour s'emparer de son épée ; mais on s'empressa de la saisir.

« Vous faites bien de la prendre, dit-il alors à Espinasse, car je vous l'aurais passée à travers du corps. »

Il fut immédiatement arrêté.

En même temps arrivèrent les deux commissaires chargés de procéder à l'arrestation des questeurs ; chacun d'eux était accompagné de dix agents, et soutenu par une compagnie du 42ᵉ.

Le général Leflô dormait encore, quand le commissaire Bertoglio pénétra, suivi de ses hommes, dans une première pièce où dormait un enfant, le fils du général.

Cet enfant, ne concevant aucune défiance, conduisit M. Bertoglio dans la chambre de son père. Celui-ci sautait du lit, lorsqu'on se jeta sur lui. Dans l'impossibité de résister, il dédaigna de dire un mot aux agents de la police, et s'adressant aux soldats présents, il leur parla le langage du devoir et de l'honneur. On l'entendait dire, tout en s'habillant à la hâte :

« Ah ! Napoléon veut faire son coup d'État ! Eh bien, nous le fusillerons à Vincennes ; et vous, nous ne vous bannirons pas à Noukahiva, nous vous fusillerons en même temps que lui.

— « Ne résistez pas, répondit le commissaire, nous sommes en état de siége ; en qualité de militaire, vous savez ce que cela veut dire. »

Mme Leflô, enceinte de cinq mois et malade, assistait à cette lamentable scène ; son jeune fils, âgé de huit ans, sanglottait de désespoir, se reprochant d'avoir dirigé les agents vers le lit de son père ; il s'adressait à tous ceux qui étaient présents, les suppliant de ne point faire de mal à son père.

Le général se revêtit de son uniforme, et suivit M. Bertoglio. Au bas de l'escalier, il se trouva face à face avec le colonel Espinasse, qui semblait faire le guet et écouter ce qui se passait. Son indignation redoubla à la vue de cet officier supérieur.

« Le colonel Espinasse, rapporte M. Granier de Cassagnac, lui imposa silence, et les soldats croisèrent la baïonnette sur lui. »

Une légère variante est ici nécessaire. Le général imposa silence au colonel Espinasse, qui voulait prendre la parole. Ce brave et digne officier ne cessait de haranguer les soldats et de faire appel à leur loyauté ; mais on l'entraînait rudement. Apercevant sur son passage un officier supérieur du 42e, dont les cheveux avaient blanchi au service :

« Quoi ! lui dit-il, vous, un vieux soldat, vous consentiriez à vous rendre complice d'une trahison, à porter la main sur vos chefs ?

— « Allez, répliqua l'officier, nous avons assez des généraux avocats et des avocats généraux. »

Le général Leflô fut poussé dans une voiture, entre plusieurs agents, et conduit à Mazas.

M. Baze, outre qu'il était doué d'une énergie dont on craignait l'explosion, inspirait aux hommes du 2 décembre un ressentiment que M. Belouino exprime en ces termes :

« Tout le monde connaît l'âpreté méridionale de ce questeur, et l'ardeur incessante qu'il a mise à attaquer sans cesse, ouvertement, et d'une façon latente, le prince-président. On connaît sa campagne à la prison de Clichy. »

M. Primorin, commissaire de police, escorté d'agents et de soldats, sonna doucement à la porte de l'appartement de M. Baze, on ouvrit ; les agents se précipitèrent aussitôt à l'intérieur et coururent à la chambre à coucher du questeur. Celui-ci passa à la hâte une robe de chambre ; et comme les agents se ruaient sur lui avec violence, il leur résista avec une énergie qui ne saurait se décrire. Madame Baze, demi-nue, ouvrit une fenêtre et appela au secours ; mais elle n'entendit pour toute réponse que les rires des soldats. Les agents osèrent alors porter la main sur elle. Pendant ce temps-là, son mari, qui continuait à lutter contre les agents, fut enlevé par les hommes de police, et traîné, presque nu, jusqu'au poste de la place de Bourgogne. Là seulement il lui fut permis de se vêtir, et bientôt après, un fiacre, bien escorté, le transportait à Mazas.

Les troupes furent bientôt massées autour de l'Assemblée : la brigade Ripert, dont le 42e de ligne faisait partie, occupait le palais ; la brigade Forey stationnait sur le quai d'Orsay. La brigade de Cotte couvrait la place de la Concorde ; la brigade Dulac, le jardin des Tuileries ; la brigade Canrobert protégeait l'Élysée et s'étendait jusqu'à l'avenue Marigny ; une brigade de lanciers, commandée par le général Reybell et une division de cuirassiers, aux ordres du général Korte, se tenaient dans les Champs-Élysées. Ces forces composaient un ensemble de 25,000 fantassins et 6,000 cavaliers et artilleurs.

Pendant l'occupation du palais de l'Assemblée, les commissaires de police se répandaient dans les divers quartiers pour mettre leurs mandats à exécution.

L'arrestation la plus importante était celle du général Changarnier, qui avait conservé une certaine autorité sur l'armée ; on s'attendait de sa part, à une énergique résistance.

L'arrestation du général Changarnier faillit être prévenue par un incident ainsi raconté par M. Véron :

« Le capitaine d'un régiment en garnison à Courbevoie, couché à Paris, fut réveillé au milieu de la nuit par son brosseur, qui vint l'informer que le régiment allait prendre les armes. Le capitaine, surpris, inquiet, eut la pensée d'aller prévenir de ce fait le général Changarnier. Mais quand il eut frappé à la porte cochère de la maison où habitait le général, on tarda à ouvrir, et bientôt il réfléchit que cette prise d'armes n'avait peut-être aucune importance, que son émotion, sa démarche, pourraient exciter la moquerie de ses camarades. Il ne prévint personne, et se rendit tout droit à la caserne. Un ensemble de circonstances providentielles protégea toutes les arrestations si importantes de la nuit (1). »

Deux hommes déterminés avaient été choisis pour l'arrestation du général Changarnier; c'étaient : le commissaire de police Lerat et le capitaine de la garde républicaine Baudinet; ils étaient accompagnés de quinze agents de police, choisis parmi les plus robustes, et de quarante soldats de la garde républicaine.

Le général, qui, pendant plusieurs jours, s'était tenu sur ses gardes, avait alors perdu toute méfiance, et n'avait plus la crainte d'un coup d'État; il avait d'ailleurs été rassuré par les confidences de M. Carlier.

M. Lerat se dirigea, ainsi escorté, vers la demeure du général, rue du Faubourg-Saint-Honoré, n° 3. Il sonne ; le concierge refuse d'ouvrir. Pendant qu'un agent reste à la grande porte pour occuper le concierge et l'empêcher d'avertir, le commissaire et les autres agents pénètrent dans la maison par une boutique d'épicier déjà ouverte, qui avait une porte de communication dans la maison.

Cependant le concierge avait agité une sonnette qui correspondait de sa loge à l'appartement du général. L'alarme ainsi donnée, le domestique du général s'élança dans l'escalier, ayant à la main la clé de l'appartement. Le fidèle serviteur se heurta contre les agents qui lui arrachèrent la clé. En même temps que le commissaire ouvrait la porte de l'appartement, le général, de son côté, ouvrait celle de sa chambre à coucher; il venait de sauter à bas de son lit, et tenait un pistolet à la main. On se jette sur lui et on le désarme. Toute résistance eût

(1) Véron, *Mémoires d'un Bourgeois de Paris*, p. 181.

été désormais inutile ; le général se laissa jeter dans un un fiacre et conduire à Mazas, escorté par les gardes républicaines à cheval.

Nous n'enregistrons pas les ridicules paroles que M. Belouino met dans la bouche du général, ni *les remercîments qu'il aurait adressés au commissaire pour les égards avec lesquels il avait été traité.* On voit aisément qu'il y avait un parti pris, de la part des premiers historiens du coup d'État, de dénaturer des faits fort graves ou des protestations capables d'impressionner l'opinion publique, quand ils n'allaient pas jusqu'à calomnier des sentiments ou des intentions généreuses.

L'arrestation du général Cavaignac par le commissaire Colin n'offrit aucun incident remarquable : il fut surpris au lit, ainsi que tous les autres. M. Belouino a cru devoir sacrifier un peu d'encens à ce grand citoyen qui n'en avait pas besoin pour attirer sur lui l'admiration universelle par sa loyauté et son courage civique.

« Nous concevons parfaitement, ajoute M. Belouino, l'irritation qu'il éprouva, *et qu'on lui a reprochée.* »

Le commissaire Hubault, chargé de l'arrestation du général Bedeau, vice-président de l'Assemblée nationale, se présenta à son domicile, rue de l'Université, 10. L'illustre général dormait paisiblement, quand le commissaire, entrant brusquement dans sa chambre avec six agents, le réveilla en sursaut. Le commissaire avait abordé le concierge avec une politesse trompeuse, et usé de ruse pour se faire conduire à l'appartement du général. Quand il eut sonné, le domestique qui vint ouvrir le prit d'abord pour M. Valette, secrétaire de la présidence de l'Assemblée, et s'avance vers la chambre à coucher pour annoncer M. Valette.

Le commissaire et ses agents, écartant brusquement le domestique, firent irruption dans la chambre. Comme il exhibait son mandat, en mettant en avant sa qualité de commissaire de police.

« J'en doute, répondit le général. Vous violez la Constitution et vous vous mettez hors la loi. Vous ignorez probablement que je suis non-seulement représentant du peuple, mais encore vice-président de l'Assemblée nationale. Je ne conspire pas ; la Constitution me couvre ;

vous ne pouvez pas attenter à mon inviolabilité, ce serait un crime.

— « Je sais qui vous êtes, répliqua le commissaire ; mais j'ai un mandat, et j'ignore s'il n'y a pas flagrant délit.

— « Oui, flagrant délit de sommeil ; mais, dites-moi votre nom ?

— « Je suis le commissaire Hubault.

— « Vous m'étonnez ; j'ai vu ce nom plusieurs fois honorablement cité dans la presse ; mais, puisque vous êtes magistrat, votre devoir est de faire respecter la loi et non de la violer. M'arrêter serait un attentat. »

M. Hubault donna lecture du mandat d'arrêt, où il était question, comme nous l'avons déjà dit, de *complot et de détention d'armes de guerre*. Une telle accusation ne surprit pas médiocrement le général Bedeau, qui invita le commissaire à fouiller ses papiers pour y trouver la preuve du prétendu complot, et à faire perquisition pour chercher les armes de guerre dont la détention lui était reprochée assez arbitrairement. Le commissaire s'y refusa, et somma le général de s'habiller sans retard et de le suivre, en ajoutant *qu'il était en force.*

« J'ai bien des fois joué ma vie, répliqua le général Bedeau, et si je voulais résister, la vôtre ne serait plus à vous. Faites sortir vos gens, je vais m'habiller. »

« Le général s'habilla en effet avec une lenteur que M. Granier de Cassagnac a qualifiée de *désespérante*, dans l'espoir de ne pas sortir avant le jour ; car il espérait que la nouvelle de son arrestation se répandant dans le voisinage, le peuple tenterait un mouvement en sa faveur. Quand il fut vêtu, il s'adossa à sa cheminée, et dit au commissaire avec le plus grand calme :

« Je vous ai averti du privilége constitutionnel qui me couvre ; j'ai essayé de vous faire comprendre la portée du crime que vous commettez ; maintenant, allez jusqu'au bout si vous voulez ; faites entrer vos hommes, je ne sortirai d'ici que si l'on m'en arrache. »

Le commissaire fit entrer ses agents, et leur ordonna de saisir le général.

« Voyons, leur dit M. Bedeau, en les fixant, oserez-vous

arracher d'ici, comme un malfaiteur, le général Bedeau, vice-président de l'Assemblée nationale. »

Les hommes hésitèrent. M. Hubault, leur donnant alors l'exemple, prit le général au collet ; les agents s'enhardissant alors, se jetèrent sur lui et le traînèrent, malgré sa résistance désespérée, jusqu'au fiacre qui stationnait à la porte. Le général Bedeau criait d'une voix tonnante :

« A la trahison ! Je suis le vice-président de l'Assemblée nationale ! »

Déjà les passants s'attroupaient, quelques citoyens se disposaient même à délivrer le général, lorsque une nuée de sergents de ville se rua, l'épée à la main, sur les groupes menaçants, et les dispersa par la force. La voiture partit aussitôt au galop.

A son arrivée à Mazas, le général Bedeau essaya de haranguer les gardes républicains ; mais ces hommes, esclaves de la consigne, l'écoutèrent avec plus d'étonnement que d'intelligence.

Les historiens déjà cités se sont imposé la tâche difficile de disculper les commissaires et leurs agents du reproche de violence et de brutalité. Mais leurs récits sur ce point délicat touchent quelque fois à la naïveté.

« Ai-je été convenable dans ma mission près de vous ? aurait demandé M. Hubault à son prisonnier.

— « Oui, Monsieur, » aurait répondu celui-ci.

M. Belouino, qui paraît s'intéresser *à la dignité* du général Bedeau, apprécie ainsi sa résistance :

« Malgré soi, on éprouve un sentiment pénible en voyant ce brave soldat employer la résistance physique devant la force publique, *surtout quand il sait que la lutte est impuissante*, et qu'il est en face d'hommes qui ne doivent pas discuter leur mandat. »

Le général Lamoricière fut appréhendé, rue Las-Cases, 11, à peu près de la même manière que ses collègues. M. Belouino raconte ainsi les circonstances de cette arrestation :

« Le concierge refusa à M. le commissaire Blanchet l'indication de l'appartement du général Lamoricière, et ne voulut pas donner de lumière pour y monter. Au premier étage, le domestique ouvre et referme la porte ; puis il revient, tenant à la main une lampe qu'il éteint en apercevant l'écharpe du commissaire, et descend rapidement un escalier dérobé en criant : *Au voleur! Des sergents de ville l'arrêtent à la porte de l'hôtel, et, dans la lutte, il reçoit dans la cuisse une blessure légère* qui ne l'empêche pas de remonter et de guider le magistrat à la chambre du général. Peu de temps après, ce domestique était complétement guéri. Nous tenons du médecin que la plaie était fermée le quatrième jour (1). »

Tant de sollicitude pour les victimes du 2 décembre rappelle volontiers certaine scène du *Médecin malgré lui*. Quelques coups de bâton ont fait l'affaire. Mais ensuite, que d'affabilité de la part des agents! Ils ont besoin de certificats et de procès-verbaux attestant leur aménité dans l'exercice de la *poigne*.

Le général, jetant les yeux sur sa cheminée, s'adressa en ces termes à son domestique :

« Qu'est devenu l'argent que j'avais mis sur cette cheminée?

— « Il est en sûreté.

— « Monsieur, lui dit le commissaire, ce que vous venez de dire est outrageant pour moi.

— « Qui me dit que vous n'êtes pas des malfaiteurs. »

Le commissaire crut devoir exhiber son écharpe; puis il reprit :

« M. Maupas veut qu'on vous traite *avec infiniment d'égards;* promettez-moi de ne faire aucune tentative de fuite, et vous monterez dans un coupé seul avec moi.

« Je ne vous promets rien, répondit le général. Traitez-moi comme vous voudrez. »

M. Lamoricière fut placé dans un fiacre, entre des agents. En passant devant le poste de la Légion-d'Honneur, il mit la tête à la portière et voulut haranguer la troupe. Le commissaire de police Blanchet ôta aussitôt un bâillon de sa poche, et menaça le général de le bâillonner s'il ajoutait un seul mot.

MM. Belouino et Granier de Cassagnac ont sans doute eu quelque honte du bâillon, car ils glissent sur ce fait avec l'aplomb d'un bulletin de l'armée autrichienne. M. Belouino dit simplement :

(1) M. Belouino, *Histoire d'un coup d'État*, p. 77 et 78.

« Le commissaire l'en empêcha vivement et le menaça d'user de moyens de rigueur.

— « Comme il vous plaira, aurait dit le général. »

Le commissaire de police Courteille mit moins de formes à l'égard du colonel Charras ; il enfonça la porte de son appartement, rue du Faubourg-Saint-Honoré, 14. En entrant dans la chambre à coucher, il sauta sur un pistolet à deux coups placé sur un meuble.

« Oh ! fit le colonel Charras, il est déchargé ; je ne croyais plus au coup d'État. Il est heureux pour vous que vous ne soyez pas venu quelques jours plus tôt, je vous aurais brûlé la cervelle. »

Quand il fut arrivé à Mazas, le colonel Charras, apercevant un officier supérieur auprès du directeur de la prison, lui dit :

« Voici un officier de l'armée, commandeur de la Légion d'honneur ; ce doit être un honnête homme ; je le prends à témoin de la violence faite à un membre inviolable de l'Assemblée nationale ! »

Cet officier fit un mouvement pour cacher son visage. Le colonel Charras apprit plus tard qu'il n'était autre que le colonel Thiérion, qui avait pris le commandement de Mazas, transformé en prison d'État.

Le commissaire Hubault aîné s'empara de M. Thiers, place Saint-Georges, 1. M. Thiers dormait profondément, et son domestique dut le réveiller. M. Belouino assure que M. Thiers ne reprit courage que sur l'assurance que sa vie n'était pas menacée ; mais l'embarras même de son récit réfute cette assertion. Que M. Thiers, réveillé si brusquement et dans une telle circonstance, ait été surpris, rien de plus aisé à croire. Mais l'attestation du commissaire, que le grand orateur politique n'eut jamais un air plus narquois ni plus railleur, suffit pour donner la mesure d'un courage civique incontestable.

L'attitude décidée de M. Thiers fut même peu rassurante pour le commissaire :

« Savez-vous que vous pourriez bien porter votre tête sur l'échafaud ? lui dit-il. Si je vous brûlais la cervelle ? »

Il ne voulut pas signer le procès-verbal d'arrestation, voyant dans ce fait la reconnaissance d'une autorité illégitime.

L'amour-propre du commissaire eut sans doute beaucoup à souffrir, puisque M. Belouino ajoute, en laissant percer un certain dépit :

« Avec l'esprit de convenance qui le distingue, le commissaire Hubault n'a pas pris garde à l'attitude assez peu digne de l'ex-ministre, et n'a pas entendu certaines plaisanteries qu'il a cru pouvoir se permettre. Nous caractériserons d'un mot cette arrestation : le commissaire de police est resté plein de convenances et de dignité (1). »

Le représentant Greppo, dont on a essayé de salir la réputation d'honnêteté et de bravoure incontestable, parla aussi hautement que ses collègues. Le lieutenant Valentin vit le commissaire Dourlens et ses agents à son chevet, sans avoir été prévenu ; il supposa que sa domestique avait été gagnée par les agents. Nadaud se laissa prendre par ruse : le commissaire lui fit croire qu'il allait le transporter à son bureau pour une simple perquisition, et le conduisit à Mazas. Cholat fit quelque résistance, et poussa des cris pour appeler aux armes. Les représentants Beaune, Miot et Roger (du Nord) furent arrêtés dans des circonstances identiques.

Parmi les citoyens que l'énergie de leur patriotisme et de leurs convictions républicaines recommandait à l'attention de la police, et qui furent également jetés à Mazas, nous citerons MM. Artaud, Baillet, Beaune, frère du représentant, Billotte, Bonvallet, Bréguet, Brun, Buisson, Boireau, Cahaigne, Cellier, Choquin, Crousse, Curnel, Delpech, Grignan, Geniller, Guiterie, Gabriel, Houl, Hilbach, Jacotier, Kuch, Lecomte, Lemerie, Lasserre, Lucas, Magen, Malapert, Meunier, Michel, Noguez, Philippe, Polino, Schmidt, Six, Stévenot, Thomas, Vasbenter, Voinier.

Deux citoyens seulement échappèrent à l'exécution des mandats lancés contre eux. Parmi eux se trouvait Dulac, qui, les jours suivants, protesta contre le coup d'État, les armes à la main, et se retira en Belgique après l'action.

Les arrestations avaient été faites avec un tel ensemble, qu'aucune ne demanda plus de vingt minutes, à l'excep-

---

(1) M. Belouino, *Histoire d'un coup d'Etat*, p. 80.

tion de celle de M. Thiers. A sept heures, tous les prisonniers étaient à Mazas. Déjà, vers six heures du matin, le préfet de police écrivait à M. de Morny, ministre de l'intérieur :

« Nous triomphons sur toute la ligne. »

Paris était encore plongé dans le sommeil à l'heure où s'opéraient les arrestations. Quelques voituriers, les balayeurs publics, un petit nombre d'ouvriers se rendant à leur travail, furent les premiers témoins de l'appareil déployé par la police et des dispositions des troupes. Mais en peu d'instants, la capitale se réveilla comme agitée par une secousse électrique. On s'interroge : le Président de la République a fait un coup d'État, l'Assemblée est dissoute, *le suffrage universel rétabli*, Paris en état de siége.

La foule s'empresse autour des affiches, les lit avidement pour en pénétrer le sens, et se livre aux commentaires les plus divers; on se raconte à voix basse les incidents de la nuit et l'occupation du palais législatif.

Disons la vérité : les masses furent indifférentes : l'abrogation de la loi du 31 mai semblait une satisfaction donnée à la liberté ; puis la proclamation au peuple portait que le coup d'État était dirigé contre les hommes qui avaient déjà perdu deux monarchies, et qui voulaient *renverser la République.*

MM. Thiers, Changarnier et Lamoricière étaient suffisamment désignés par ces mots, et ce ne fut pas sans une certaine satisfaction; que les républicains apprirent leur arrestation, car, dans l'espoir que la République serait maintenue, ils faisaient bon marché d'une majorité qui avait constamment violé la Constitution dans son esprit, et poussé la nation dans les voies les plus rétrogrades ; le général Cavaignac, peu sympathique aux faubourgs depuis les journées de juin, partageait jusqu'à un certain point l'impopularité de ceux qui passaient pour les chefs royalistes. On ignorait encore que le coup d'État eût frappé les républicains eux-mêmes avec plus de rigueur que les chefs des anciens partis. Cette première impression se traduisit par un mot qu'on a mis depuis dans la bouche de Lagrange : C'est bien joué !

Ainsi, dans l'esprit du peuple, la république avait été sauvée des intrigues et des conspirations royalistes par le chef du pouvoir exécutif, et il avait pu exécuter ce coup hardi sans manquer à son serment. L'appel au peuple semblait aussi une garantie contre les tentatives ambitieuses du Président de la République. La proclamation à l'armée laissait, toutefois, percer des sentiments un peu différents.

Les plus intelligents, parmi les ouvriers, comprirent cependant que la République était perdue, et que le renversement de la constitution était le prélude du rétablissement de l'Empire. La bourgeoisie le sentit fort bien ; et si l'on en excepte ceux qui étaient naturellement attachés par leurs intérêts au nouveau régime, et ceux qui restaient fidèles aux vieux partis monarchiques, sous la bannière de l'ordre, il y avait presque unanimité pour se prononcer contre le coup d'État. On s'explique ainsi comment l'agitation partit d'abord de la bourgoisie.

La classe ouvrière, fortement irritée contre la bourgeoisie, qui l'avait si malmenée en juin, fut tentée de laisser celle-ci se démêler avec le Président de la République et de rester neutre dans la lutte. L'ancienne majorité qui avait accueilli avec tant de mépris leurs théories socialistes, ne leur paraissait digne d'aucune sympathie, et la violation de la légalité commise à l'égard de cette majorité, satisfaisait parfaitement de profondes rancunes.

Ces divisions assuraient déjà le triomphe du Président de la République.

Nous devons ajouter que les premières impressions populaires se modifièrent beaucoup pendant la journée même du 2 décembre, et surtout les jours suivants, lorsqu'on vit clairement le véritable caractère du coup d'État, mais il était trop tard pour entamer la lutte avec quelque chance de succès : toutes les forces vives du parti républicain, enlacées et paralysées, ne pouvaient plus donner que le spectacle d'une héroïque agonie.

Les historiens du coup d'État ont fait le tableau le plus riant du spectacle qu'offrirent les rues de la capitale, dans la journée du 2 décembre. Nous devons surtout admirer le lyrisme de M. Belouino, qui va jusqu'à l'épanouissement :

« Au milieu de ces événements si graves, Paris, tumultueux, mais calme, épanche ses flots de promeneurs sur sa ceinture de boulevards. Comme aux jours de fête, il met sa parure brillante, ce qu'il a de plus cher : les enfants et les femmes, qu'il cache dans ses flancs quand il a peur ; il leur dit : « Allez ! le ciel est à l'espérance ; il n'y aura pas aujourd'hui de danger pour vous, allez. » Et ils vont partout où doit passer celui qui vient de sauver la France. Partout, les boutiques sont ouvertes, les affaires se font, les tribunaux sont en séance. La société se sent protégée déjà par une main forte et puissante, tout le monde a des pressentiments de bonheur à venir. Jusqu'à neuf heures environ, l'affluence est immense sur les boulevards ; mais bientôt la foule se retire ; les citoyens paisibles regagnent leur logis (1). »

M. Véron a joui du même spectacle.

Cependant cette tranquillité apparente est un peu troublée par le récit suivant que nous donne le même M. Véron :

« Je me rendais matin et soir au ministère de l'intérieur, et j'y fus témoin de plus d'une scène dont le récit serait une indiscrétion. Plus d'une physionomie pâlissait, s'allongeait à la moindre alerte. Plus d'un personnage murmurait entre ses dents : « Partout s'élèvent des barricades.... C'est toujours comme ça que ça commence. Vous verrez que ça finira comme au 24 février ! » D'autres interrogeaient avec une fébrile anxiété les allants et les venants : « Le peuple est-il pour nous ? Que disent les faubourgs ? Peut-on compter sur l'armée ? » M. de Morny, je dois le dire ici pour rendre hommage à la vérité, M. de Morny et quelques amis résolus qui l'entouraient, rassuraient tous ces trembleurs, qui se tenaient toujours assez volontiers dans le voisinage des portes de sortie (2). »

M. Mauduit, lui aussi, parcourut les boulevards pour se rendre compte des sentiments de la foule et surtout de la classe bourgeoise. Ici le récit de M. Belouino se trouve rectifié par un officier dévoué à la même cause :

« Je me promenais, dit-il, en serpentant, au milieu de cette foule de bonne compagnie, étudiant son esprit, ses intentions et ses vœux. Ses sentiments étaient évidem-

(1) M. Belouino, *Histoire d'un coup d'État*, p. 136.
(2) Véron, *Mémoires d'un bourgeois de Paris*, p. 187 et 188.

ment hostiles au Président et à l'armée ; je le déplorais, car là se trouvaient un grand nombre de personnes pour qui l'uniforme doit toujours avoir un caractère sacré (1), quelle que soit l'épreuve à laquelle soit soumis l'homme qui le porte !... L'esprit de parti ne devrait jamais aller jusqu'à méconnaître la vertu du devoir militaire... Mais, hélas ! de nos jours , quelle vertu est à l'abri de la haine politique (2) ? »

Les mêmes appréhensions sont exprimées dans les dépêches suivantes :

#### Le Préfet de police au général Magnan.

2 décembre 1851.

« Les sections socialistes commenceront à dix heures du soir. Les principaux quartiers sont, pour les barricades, faubourgs du Temple, Marceau, Saint-Antoine , barrière du Trône. Les sections sont convoquées pour dix heures ; à dix heures quarante-cinq minutes, chacun sera à son poste. »

#### Le ministre de l'intérieur au préfet de police.

2 décembre.

« Le ministre a de graves raisons pour que l'on n'inquiète pas Émile de Girardin. »

Dès onze heures du matin, les chefs les plus ardents du parti républicain se réunissaient par groupes ; les cerveaux s'exaltaient dans les établissements publics ; les bureaux des journaux étaient encombrés de citoyens qui venaient demander un mot d'ordre aux célébrités de la presse démocratique ; des émissaires se croisaient dans tous les sens pour rallier les hommes d'action et exciter

---

(1) Nous n'inventons rien : c'est dans le texte du capitaine Mauduit.

(2) *Révol. milit. du 2 décembre,* par le capit. Mauduit, p. 149.

le peuple à la résistance. Mais ce qui arrêtait tous les efforts, c'est que les principaux chefs du parti, en qui le peuple avait mis sa confiance, n'étaient plus là pour le diriger. Pour appuyer le mouvement de la capitale, des agents furent dirigés dans les départements, pour tenter de les soulever. Un grand nombre de représentants, réunis chez M. Crémieux, prennent déjà des mesures pour convoquer les membres de l'Assemblée restés fidèles à la Constitution.

M. de Rochejacquelein se distingue entre tous par l'énergie de ses protestations :

« Si le peuple est assez lâche pour accepter cette humiliation, s'écrie-t-il en pleine rue, dans le faubourg Saint-Germain, il est digne de la tyrannie. »

Un groupe de représentants de la majorité, parmi lesquels on remarquait MM. Léon Faucher et Montalembert, se présenta au ministère de l'intérieur. Tous exhalèrent leur colère en violents propos et en menaces, reprochant à M. de Morny l'arrestation de leurs collègues.

« J'ai la conviction, répondit froidement M. de Morny, que j'assure le salut de la France et de la société. Je joue ma tête dans cette entreprise : vous voudrez bien me permettre de prendre toutes les mesures que je juge nécessaires. »

Diverses proclamations républicaines sont élaborées au sein des sociétés populaires qui se forment de toutes parts, aux barrières de Paris ; la plus plus importante est réunie rue du faubourg Saint-Denis, 162. Bientôt le parti démocratique a adopté un plan d'insurrection : les représentants et les journalistes se répandront dans les rues et harangueront les groupes pour les appeler aux armes, en montrant le coup d'État comme une trahison. Il est convenu qu'on ne fera point résistance jusqu'à ce que l'armée insurrectionnelle puisse se présenter en force, et que jusque-là on propagera l'agitation.

Dans l'après-midi, des représentants escortés d'une foule considérable, paraissent en effet sur les boulevards, où ils sont salués par les cris enthousiastes de *Vive la République ! Vive la Constitution !* Des manifestations menaçantes se produisent aussi dans les rues du Temple, Saint-Denis, Saint-Martin et Montorgueil.

A deux heures, les murs des boulevards sont couverts d'affiches où on lit l'avis suivant :

« Nous, citoyens français,

« Vu l'urgence ;

« Vu l'article 68 de la Constitution, au nom de la haute cœur de justice, ordonnons à tous les huissiers, sergents et autres de saisir et arrêter partout où sera possible le citoyen Louis-Napoléon Bonaparte, ex-président de la République, et tous ses complices dans l'attentat de ce jour.

« Paris, 2 décembre 1851.

    « Signé : ROUGET, ED. MEQUET, etc. »

D'autres proclamations d'un meilleur style ne tardèrent pas à être affichées dans la soirée.

La garde nationale ne fut pas convoquée pendant les événements de décembre.

Dans la matinée du 2, le colonel d'état-major Vieyra avait reçu un ordre écrit de la main même du Président, pour qu'il s'opposât à toute prise d'armes de la garde nationale. Le prince ajoutait que, s'il avait besoin de légions dévouées, il donnerait des ordres plus tard. On savait en effet, à l'Elysée, qu'il était impossible de compter sur la garde nationale, à l'exception de quelques compagnies de la 2ᵉ légion. Si quelques dévouements isolés se produisirent, on reconnut l'impossibilité de les utiliser.

M. Vieyra fit signer au général Lawœstinc des lettres adressées aux colonels des diverses légions de Paris, faisant défense de laisser battre le rappel, sous aucun prétexte, sans un ordre exprès de l'état-major général.

Des dépôts d'armes et de munitions existaient dans plusieurs mairies ; il y avait là 7,303 fusils et 132,000 cartouches. On s'empressa de les enlever et de les transporter à Vincennes.

Malgré ces précautions générales, Lauriston, colonel de la 10ᵉ légion, qui était opposé au coup d'État, et qui avait éprouvé l'attachement de ses gardes nationaux aux institutions républicaines, convoqua les officiers de sa légion, en habit bourgeois, s'assura de leur dévouement à la Constitution, et leur fit jurer de la défendre les armes à la

main. Les tambours furent envoyés chez les gardes nationaux pour les convoquer en armes, à domicile.

A cette nouvelle, M. Vieyra, comprenant le danger,
chargea M. Albert Courpon, chef d'escadron de l'état-
major, de signifier au colonel Lauriston que tous les gardes
nationaux qui paraîtraient armés seraient fusillés. Des
mesures militaires prises sur-le-champ appuyèrent ces
menaces, et la réunion de la légion ne put avoir lieu.

Quelques gardes nationaux bravèrent cependant la
menace et purent le faire inpunément ; mais ils se reti-
rèrent, en apprenant que le général Lauriston avait donné
sa démission (1).

M. Véron rapporte que deux mille officiers ou gardes
nationaux se rendirent isolément et en bourgeois à l'état-
major de la garde nationale, demandant à concourir à la
défense du nouveau gouvernement ; mais il ajoute aussitôt ce correctif qui détruit une unanimité si touchante :

« Je pourrais citer tel nom, tel empressé auprès du
pouvoir, comblé de faveurs, qui, le 2 décembre, comptait
dans les rangs ennemis. »

Quelques arrestations furent opérées, le 2 décembre,
parmi les gardes nationaux.

Les imprimeries de tous les journaux furent occupées
militairement, dès huit heures du matin ; les journaux
conservateurs furent également l'objet de cette mesure.
Le Constitutionnel et la Patrie dont le dévouement pour
la cause impériale était à toute épreuve, furent seuls
exceptés.

La police ne put empêcher qu'une protestation ne fût
rédigée dans les bureaux de la Révolution ; elle était
signée de MM. Xavier Durrieu, ancien constituant, Kesler,
Gasperini, Merlet et quelques autres citoyens.

Vers midi, les principaux rédacteurs des feuilles indé-
pendantes étaient réunis dans les bureaux du Siècle, rue
du Croissant. Là fut publiée une protestation collective.
En même temps les journalistes s'engagèrent à continuer
la publication clandestine de leurs feuilles par tous les
moyens possibles.

Des proclamations terminées par un appel aux armes

_____
(1) Véron, Mémoires d'un Bourgeois de Paris, p. 211 et suiv.

furent rédigées séance tenante, et bientôt après imprimées dans les ateliers du *Siècle*, malgré la présence des agents, à l'aide de caractères et de brosses détournés de l'imprimerie et transportés dans une maison du voisinage. Les bureaux de la *Presse* en imprimèrent par le même moyen. Des milliers d'exemplaires de ces proclamations, des décrets rendus dans la journée par l'Assemblée et la haute cour de justice, purent ainsi être répandus et affichés dans la nuit.

A trois heures de l'après-midi, les typographes des journaux suspendus ou supprimés, parurent sur les boulevards, et principalement sur celui des Italiens, répandant les proclamations du parti démocratique ou même les affichant, pendant que des journalistes haranguaient les groupes. Le mouvement allait devenir sérieux, quand la brigade du général Korte, débouchant de la Madeleine, balaya la ligne des boulevards, recueillant sur cet immense parcours les huées et les sifflets de la multitude, et répondant par des menaces au défi qui leur était porté de toutes parts ; mais le peuple, désarmé, ne fit aucune résistance sérieuse.

« Cette fois, ce n'était pas l'armée du désordre, les *rôdeurs de barrières*, les *voyous parisiens, ces chacals de l'émeute, les repris de justice*, suivant les pittoresques expressions de ceux qui ont écrit cette histoire avant nous, que l'armée trouvait devant elle ; c'était, nous dit M. Granier de Cassagnac, *la bourgeoisie des quartiers riches, la jeunesse dorée.* »

A la hauteur de la Porte Saint-Martin, le colonel Fleury, l'un des aides de camp du Président de la République, qui était à la tête d'une colonne de cavalerie, reçut une balle à la tête ; on le crut mort, mais il se releva et put rentrer à l'Élysée.

Le 2 décembre, le Président de la République s'était levé à cinq heures du matin. Deux heures après, le 12e dragons arrivait de Saint-Germain et se rangeait en bataille aux Champs-Élysées. La grosse cavalerie, attendue de Versailles, tardait à venir. L'inquiétude commençait à gagner l'entourage du Président. Pour dissiper les craintes dont il reconnaissait le danger, Louis-Napoléon résolut de monter à cheval et de se présenter aux troupes échelonnées de l'Élysée aux Tuileries. A sa sortie de l'Élysée par la grille du jardin, il y eut un moment de troubles ; l'avant-garde du 12ᵉ régiment de dragons, obéissant à une consigne sévère, se refusa pendant quelques instants à laisser passer le prince. Cet incident avait fait douter des bonnes dispositions de cette troupe, et un moment d'hésitation s'en était suivi parmi les officiers qui entouraient le prince. On ne tarda pas à s'expliquer, et le prince Louis-Napoléon, suivi de ses aides de camp et officiers d'ordonnance, passa en revue les troupes rangées en bataille sur les quais depuis la rue du Bac jusqu'au palais Bourbon ; dans le cortége on remarquait le prince Jérôme, le général Excelmans, le général Magnan, etc. Arrivé devant le guichet du pont National, aujourd'hui guichet de l'Empereur, le cortége fut encore arrêté, soit par un excès de zèle, soit par suite d'un malentendu ; cependant il finit par entrer ; la foule envahit la place du Carrousel et se porta vers les grilles ; il y avait dans la cour des Tuileries au moins deux régiments de ligne. Le prince se tenait à trois ou quatre longueurs de cheval en avant de son oncle, qui portait son chapeau en bataille, puis venaient les généraux à la suite les uns des autres. Cette entrée, nous devons le dire, manquait de tenue, ce n'était pas ce cortége qu'on est habitué à voir de nos jours ; le premier régiment prit les armes, mais les tambours demeurèrent muets ; le second régiment demeura l'arme au pied et les tambours se tenaient devant leurs caisses, qui étaient posées à terre. Il n'y eut aucun cri. La foule se contentait de crier *Le voilà !* rien de plus. Le prince et son cortége sortirent par le guichet de l'Échelle ; là, l'accueil de la foule ne dépassa pas la curiosité. Nul cri, de l'indifférence, rien de plus ; on entendit tout au plus quelques cris de *Vive la République ! Vive la Constitution ! Vive l'Assemblée nationale !*

A midi, le Président et son état-major étaient de retour à l'Élysée.

Vers deux heures et demie, le Président sortit encore avec un nombreux état-major et parcourut la ligne des boulevards, à la tête d'une brigade de cavalerie. Les cris de *Vive la République ! Vive la Constitution !* ne cessèrent de retentir sur son passage avec une intensité croissante.

# VIII.

## RÉUNION DES REPRÉSENTANTS DU PEUPLE A LA MAIRIE DU X<sup>e</sup> ARRONDISSEMENT. •

Les membres de l'Assemblée nationale ne restèrent pas inactifs dans la journée du 2 décembre, et organisèrent la résistance.

M. Dupin, président de l'Assemblée nationale, était encore au lit lorsqu'on vint lui annoncer l'investissement du palais législatif. Le colonel Espinasse se chargea lui-même de l'informer de ce qui se passait. Le caractère de M. Dupin était si bien connu des auteurs du coup d'État, qu'ils jugèrent inutile de prendre aucune mesure de sûreté contre lui (1). Cependant le président de l'Assemblée nationale eut quelques velléités de courage, sans toutefois dépasser les limites d'une honnête prudence ; il fit convoquer à domicile les représentants de l'Assemblée nationale.

Les membres de la gauche, qui n'avaient pas attendu cette convocation pour aviser, étaient déjà réunis en assez grand nombre chez M. Yvan, secrétaire de l'Assemblée nationale. Tous étaient résolus à résister par tous les moyens, même par l'appel aux armes. Toutefois, ils pensèrent que leur résistance serait fortifiée par l'adhésion des membres de la majorité. Ils se rendirent, à cet effet, chez M. Benoist d'Azy, vice-président, qui parut d'une tiédeur désespérante. M. Léon Faucher, ancien ministre du Président de la République, chez qui ils se transportèrent ensuite, ne sut que pousser des exclamations et exprimer des doléances.

On lui arracha néanmoins la promesse qu'il réunirait ses amis pour délibérer en commun. M. Odilon Barrot n'était pas chez lui pour les recevoir; mais sa femme donna communication aux visiteurs d'une protes-

---

(1) Il n'en fut pas de même le lendemain; on le fit garder dans son domicile, rue du Bac, par de la cavalerie. Le bruit courut que c'était M. Dupin qui avait demandé cette garde, de peur d'être enlevé une seconde fois par les représentants (V. la *Patrie* du 4 décembre 1851).

tation laissée par M. Odilon Barrot, et qui portait déjà la signature de plusieurs représentants de la droite; elle était ainsi conçue :

« Vu l'article 68 de la Constitution ;

« Considérant que, violant ses serments et la Constitution, Louis-Napoléon Bonaparte a dissous l'Assemblée et employé la force publique pour consommer cet attentat,

« Les membres de l'Assemblée, soussignés, après avoir constaté la violence qui est apportée, par les ordres du Président, à la réunion légale de l'Assemblée, et l'arrestation de son bureau et de plusieurs de ses membres ;

« Déclarent, que l'article 68 de la Constitution trace à chaque citoyen le devoir qu'il a à remplir ;

« En conséquence, le Président est déclaré déchu de ses fonctions ;

« La haute cour de justice est convoquée. Défense est faite à tout citoyen d'obéir aux ordres du pouvoir déchu, sous peine de complicité ;

« Les conseils généraux sont convoqués et se réuniront immédiatement; ils nommeront une commission dans leur sein, chargée de pourvoir à l'administration du département et de correspondre avec l'Assemblée dans le lieu qu'elle aura choisi pour se réunir ;

« Tout receveur général, ou percepteur, ou détenteur quelconque de deniers publics qui se dessaisirait des fonds qui sont dans ses caisses sur un autre ordre que celui émané du pouvoir régulier constitué par l'Assemblée, sera responsable sur sa propre fortune, et, au besoin, puni des peines de la complicité.

« Fait et arrêté le 2 décembre 1851.

« Signé : Odilon Barrot, Chambolle, de Tocqueville, Gustave de Beaumont, Dufaure, Étienne, Mispoulet, Oscar Lafayette, Lanjuinais, Hippolyte Passy, Piscatory, de Broglie, Duvergier de Hauranne, de Corcelles, d'Hespel, de Luppé, de Sèze, Guillier de la Touche, Vaudoré, Chaper, Sainte-Beuve, Bocher, de Laboulie, Vitet, de Montigny, de Montebello, Thuriot de la Rosière, Mathieu de la Redorte, Victor Lefranc, Benjamin Delessert. »

Vers le même temps une autre réunion se tenait chez
M. Daru, rue de Lille, dans le voisinage du palais législatif. Les membres du centre droit dominaient dans cette
assemblée. A dix heures du matin, ils décidèrent qu'ils
se rendraient en corps au palais législatif et qu'ils donneraient l'exemple de la résistance en bravant les baïonnettes qu'on oserait croiser sur leurs poitrines.

Le régiment du colonel Espinasse, qui occupait le palais, prit les armes pour repousser cette incursion inattendue. M. Daru, qui se présenta le premier, fut violemment repoussé à coups de crosse ; M. de Larcy reçut un
coup de baïonnette à la cuisse ; M. Moulin, secrétaire de
l'Assemblée, fut blessé à la tête. M. de Talhouët eut son
vêtement percé d'un coup de baïonnette.

Tous revinrent chez M. Daru.

Cependant une consigne mal donnée ou mal exécutée
permit à un grand nombre de représentants de pénétrer
dans le palais législatif par la petite porte de la présidence, rue de l'Université, qui n'avait pas été fermée à
clef. Ils s'introduisirent dans la salle des séances ; ils
étaient là au nombre de quarante environ, et parmi eux
se trouvaient plusieurs républicains.

Un décret de déchéance venait d'être rédigé et signé,
lorsque M. de Morny, informé de ce qui se passait, donna
des ordres pour l'évacuation du palais. Le colonel Espinasse chargea M. Saucerot, commandant de la gendarmerie mobile, de procéder à cette opération avec un
détachement de soldats. La vue des uniformes provoqua
les apostrophes les plus énergiques. M. Mounet s'adressant au commandant Saucerot :

« Vous ne pouvez ignorer, dit-il, que cette enceinte est
exclusivement réservée aux délibérations de l'Assemblée
nationale, que nul corps armé n'a le droit d'y pénétrer
qu'en vertu d'une réquisition du président de l'Assemblée.

— « J'ai des ordres formels à exécuter, répondit l'officier, et je vous somme de vous retirer.

— « Un pareil ordre est un crime, répliqua M. Mounet ; en l'exécutant vous vous rendez complice d'un attentat sévèrement puni par le Code pénal. »

M. Mounet donna alors lecture de l'article 68 de la

Constitution. Mais le commandant Saucerot l'interrompant, donna l'ordre à ses soldats de pousser les représentants devant eux. Les cris de *Vive la République ! Vive la Constitution !* répondirent à cette violence. Il fallut arracher les représentants de leurs bancs, et les traîner hors de la salle. Un vieillard de soixante-quinze ans, le général Leydet, honorable républicain, montra une énergie qu'on n'attendait point d'un homme de cet âge.

Pendant cette scène, MM. Canuet et Favreau étaient allés chercher le président Dupin, qui se tenait coi dans son appartement. Il fallut le pousser jusque dans la salle des séances, pour l'obliger à remplir le rôle qui lui était naturellement dévolu. M. Véron rapporte que son premier mot, en entrant dans la salle, fut celui-ci :

« Messieurs, vous vous plaignez que l'on ne respecte pas la Constitution et *vous ne respectez pas une consigne.* »

Tant de lâcheté suffit pour expliquer le succès du coup d'État du 2 décembre. Le représentant Demousseaux de Givrey passe à M. Dupin une écharpe autour du corps, et l'oblige enfin à balbutier un discours à la troupe dans lequel il était question du respect dû à la Constitution.

Un soldat, prenant en pitié l'attitude de M. Dupin, et donnant à sa protestation sa juste valeur, il s'écria :

« Ça, c'est pour la farce ! »

Le général Leydet essaya de rendre à M. Dupin un peu de courage, et de le rappeler au sentiment de sa dignité ; d'autres représentants lui reprochèrent également sa lâche irrésolution. Le successeur de Boissy-d'Anglas ne trouva que ces mots pour toute réponse :

« Il est évident que le droit est pour nous ; *mais ces messieurs* ont la force. Nous n'avons qu'à nous en aller.» Et il donna l'exemple de la retraite.

Les représentants étaient déjà refoulés dans la grande salle où sont les statues de Mirabeau et de Bailly ; on les repoussa encore hors du palais. Arrivés sur la place de Bourgogne, ceux qui venaient d'être ainsi expulsés trouvèrent entre les mains des soldats le général Radoult-Lafosse, et deux autres représentants, MM. Arbey et Toupet des Vignes, qui venaient d'être arrêtés pour avoir harangué la troupe. Des protestations s'élevèrent contre ces arrestations illégales, mais les plus ardents, et même MM. Fayolles, Paulin, Durieu et Vreilhard-Laterisse, furent eux-mêmes arrêtés sur l'ordre du colonel du 6e de ligne, M. Gardarens de Boisse.

Les prisonniers furent conduits au ministère des affaires étrangères, où MM. Eugène Sue, Chanay et Benoît (du Rhône) furent bientôt amenés à leur tour.

M. Granier de Cassagnac a trouvé quelques paroles pour louer à la fois la *convenance* de M. le commandant Saucerot dans cette circonstance, ainsi que les ménagements de ses gendarmes.

Les représentants chassés du palais législatif apprirent bientôt que leurs collègues se réunissaient en assez grand nombre à la mairie du Xe arrondissement et ils s'y portèrent. On connaissait d'ailleurs les dispositions des habitants de ce quartier, et des renseignements certains avaient fait connaître qu'on pouvait compter sur le concours des gardes nationaux de la 10e légion et de son honorable colonel, M. Lauristou.

D'autres représentants, qui faisaient partie du cercle des Pyramides, s'y trouvaient réunis dans le même moment.

Des sentiments divers agitaient cette fraction de la droite : les uns, à l'exemple de M. Dupin, n'étaient pas éloignés de se ranger du côté du plus fort ; les autres inclinaient pour faire respecter la Constitution.

M. Léon Faucher prit la parole dans cette réunion, pour appuyer les prétentions de la présidence ; il voulait seulement que la prolongation des pouvoirs présidentiels fût obtenue par les voies légales et parlementaires.

Cet ancien ministre du Président de la République n'avait pas été éloigné, si nous en croyons M. Granier de Cassagnac, de se prêter à un coup d'État ; mais il aurait voulu que le chef du pouvoir exécutif lui abandonna l'initiative et se confiât à son habileté.

« Je le conduirai à son but avait-il dit, mais il faut qu'il me laisse faire. »

Les choses avaient tourné autrement, et le coup d'État était devenu un fait accompli sans l'immixtion de M. Léon Faucher.

Nous citons le fait, mais nous nous refusons d'y croire.

Un représentant prit la parole à son tour ; il ne contesta pas que la Constitution et la légalité avaient été mises un peu de côté, mais il représenta qu'il valait mieux accepter le fait accompli que de plonger le pays dans les horreurs de la guerre civile. Cette assemblée, adoptant ce conseil, repoussa les propositions de M. Léon Faucher, et résolut de laisser faire. M. Crémieux avait réuni, comme nous l'avons déjà dit, dans sa maison, rue des Petits-Augustins, n° 1, un certain nombre de représentants de la gauche. La police, avertie à temps, avait fait cerner la maison et arrêté là dix représentants. Ceux-ci, conduits par un détachement et escortés par de nombreux agents, faillirent être délivrés à l'entrée du pont Neuf, par un rassemblement considérable, que dirigeait M. Malardier (de la Nièvre).

Ce courageux républicain, avait passé son écharpe et s'était présenté devant la troupe pour la rappeler à son devoir. Le commandant du détachement n'hésita pas à charger la multitude désarmée, qui entourait déjà ses soldats et allait leur enlever les prisonniers.

Deux cents autres représentants, qui affluaient chez M. Daru, rue de l'Université, et dont quarante environ s'étaient portés, dans la matinée, au palais de l'Assemblée, comme nous l'avons raconté, prirent l'initiative de transférer le siége de l'Assemblée nationale à la mairie du X⁰ arrondissement, rue de Grenelle-Saint-Germain, n° 7. Il était alors onze heures du matin. Un certain nombre de représentants, appartenant à la droite, y étaient déjà installés dans la grande salle, au premier étage, depuis neuf heures et demie. Quelques gardes nationaux, convoqués à domicile par le colonel de la 10⁰ légion, se présentaient à l'appel, et leur nombre eût bientôt considérablement grossi, si la troupe, qui occupait la mairie, ne leur eût barré le chemin. Le maire du X⁰ arrondissement, M. Roger, arriva en même temps que le commissaire de police du quartier de Babylone, M. Lemoine Tacherat. Leur présence fut saluée de cris d'enthousiasme de : *Vive la Constitution ! vive la République !* que poussèrent les gardes nationaux présents.

M. Roger était d'avis de faire évacuer immédiatement l'hôtel de la mairie. Le commissaire de police jugea nécessaire de demander, avant d'agir, des instructions à l'autorité supérieure.

M. Lemoine, arrivé au quai d'Orsay, apprit que des troupes étaient déjà dirigées sur la mairie. Comment expliquer le retard que la troupe apporta à l'évacuation de la salle du X arrondissement ?

M. Véron nous renseigne à ce sujet. « Le Président de la République, M. le ministre de l'intérieur et M. de Maupas furent vite informés de ce qui se passait. Le Président de la République envoya le général Roguet au ministre de la guerre, afin que ce dernier avisât. Le ministre de la guerre objecte qu'il s'agit d'une répression civile, que cela regarde le ministre de l'intérieur, et se refuse à prendre l'initiative d'aucune mesure. M. le général Roguet se rend immédiatement au ministère de l'intérieur; là M. de Morny assume sur lui, sans hésiter, cette responsabilité, et signe un ordre qui charge le général Forey de disperser cette réunion de députés. »

Le général Magnan, qui, comme nous l'avons déjà dit, n'avait promis d'agir que sur des ordres formels, de manière à ménager sa responsabilité, se décida cependant à signer l'ordre suivant qu'il fit parvenir au général Forey :

Commandant,

En conséquence des ordres du ministre de la guerre, faites immédiatement occuper la mairie du Xe arrondissement et faites arrêter, s'il est nécessaire, les représentants qui n'obéiraient pas sur-le-champ à l'injonction de se séparer.

*Le général en chef,*
MAGNAN.

Le général Forey dirigea sur la mairie du Xe trois compagnies du 6e bataillon de chasseurs à pied; le commandant du bataillon, s'étant évanoui sur le quai d'Orsay, le capitaine Briquet prit le commandement de cette troupe.

Pendant ce temps-là, l'attitude de la force armée qui occupait la mairie du Xe arrondissement, et qui n'avait pu empêcher la réunion des représentants, était assez irrésolu, et témoignait, jusqu'à un certain point, de l'inquiétude qui se manifesta souvent, on ne peut le contester, parmi ceux qui appuyèrent le coup d'État. Le commissaire de police Barley, que M. de Maupas, préfet de police, avait spécialement chargé de l'évacuation, était d'avis de faire sortir tout le monde (1). Le capitaine de la compagnie de chasseurs, qui stationnait dans la cour de la mairie, objectait au contraire qu'il avait reçu l'ordre de ne laisser sortir personne. Il fallut, pour sortir d'embarras, en référer aux autorités supérieures.

C'est ainsi que l'Assemblée nationale put, sans être inquiétée, siéger jusqu'à trois heures de l'après-midi, et prendre certaines mesures que commandait la situation.

Nous rapportons ici le compte rendu de cette mémorable séance (2).

## ASSEMBLÉE NATIONALE LÉGISLATIVE

### Séance extraordinaire du 2 décembre 1852.

PRÉSIDENCE DE M. VITET.

La séance est ouverte à onze heures du matin.

Le bureau est composé de MM. Benoist d'Azy, Vitet, vice-présidents; Chapot, Moulin, Grimault, secrétaires.

Une vive agitation règne dans la salle, où sont réunis environ trois cents membres appartenant à toutes les nuances politiques.

*Le Président, M. Vitet.* — La séance est ouverte.

*Plusieurs Membres.* — Ne perdons pas de temps.

*Le Président.* — Une protestation a été signée par plusieurs de nos collègues; en voici le texte.

*M. Berryer.* — Je crois qu'il ne convient pas à l'Assemblée de faire des protestations.

L'Assemblée nationale ne peut se rendre dans le lieu

(1) Le nombre des gardes nationaux qui se présenta peut être évalué à quarante ou cinquante.

(2) Un ouvrage publié à Bruxelles; Mayèr, *Histoire de France contemporaine*; en dernier lieu, Eugène Ténot, ont donné ce compte rendu.

ordinaire de ses séances ; elle se réunit ici ; elle doit faire acte d'assemblée et non une protestation. (Très-bien ! — Marques d'assentiment.) Je demande que nous procédions comme assemblée libre, au nom de la Constitution.

*M. Vitet.* — Comme nous pouvons être expulsés par la force, n'est-il pas utile que nous convenions immédiatement d'un autre lieu de réunion, soit à Paris, soit hors Paris ?

*Voix nombreuses.* — Dans Paris ! dans Paris !

*M. Bixio.* — J'ai offert ma maison.

*M. Berryer.* — Ce sera là le second objet de notre délibération ; mais la première chose à faire par l'Assemblée, qui se trouve déjà en nombre suffisant, c'est de statuer par un décret. Je demande la parole sur le décret.

*M. Monet.* — Je demande la parole sur un fait d'attentat. (Bruit et interruption.)

*M. Berryer.* — Laissons de côté tous les incidents ; nous n'avons peut-être pas un quart d'heure à nous. Rendons un décret. (Oui, oui.) Je demande qu'aux termes de l'article 68 de la Constitution, attendu qu'il est mis obstacle à l'exécution de son mandat,

« L'Assemblée nationale décrète que Louis-Napoléon Bonaparte est déchu de la Présidence de la République, et, qu'en conséquence, le pouvoir exécutif passe de plein droit à l'Assemblée nationale. » (Très-vive et unanime adhésion. — Aux voix !)

Je demande que le décret soit signé par tous les membres présents. (Oui ! oui !)

*M. Béchard.* — J'appuie cette demande.

*M. Vitet.* — Nous allons rester en permanence.

*M. le Président.* — Le décret sera immédiatement imprimé par tous les moyens qu'on pourra avoir. Je mets le décret aux voix. (Le décret est adopté à l'unanimité, aux cris mêlés de : « Vive la Constitution ! vive la Loi ! vive la République ! » »

Le décret est rédigé par le bureau.

*M. Chapot.* — Voici un projet de proclamation qui a été proposé par M. de Falloux.

*M. de Falloux.* — Donnez-en lecture.

*M. Berryer.* — Nous avons autre chose à faire.

*M. Piscatory.* — La vraie proclamation, c'est le décret.

*M. Berryer.* — C'est une réunion particulière que celle dans laquelle on fait une proclamation. Nous sommes ici une assemblée régulière.

*Plusieurs voix.* — Le décret ! le décret ! pas autre chose !

*M. Quentin-Bauchart.* — Il faut le signer.

*M. Piscatory.* — Un avis, pour hâter le travail. Nous allons faire courir des feuilles sur lesquelles on signera. On les annexera ensuite au décret. (Oui! oui! — On fait circuler des feuilles de papier dans l'assemblée.)

*Un Membre.* — Il faut donner l'ordre au colonel de la 10ᵉ légion de défendre l'Assemblée. Le général Lauriston est présent.

*M. Berryer.* — Donnez un ordre écrit.

*Plusieurs Membres.* — Qu'on batte le rappel!

Une altercation a lieu dans le fond de la salle entre des représentants et quelques citoyens qu'on veut faire retirer. Un de ces citoyens s'écrie : « Messieurs, dans une heure, peut-être, nous nous ferons tuer pour vous ! »

*M. Piscatory.* — Un mot, nous ne pouvons... (Bruit. — Écoutez donc, écoutez!) nous ne devons, nous ne voulons pas exclure les auditeurs. Ceux qui voudront venir seront très-bien venus. Il vient de se prononcer un mot que j'ai recueilli : « Dans une heure, peut-être, nous nous ferons tuer pour l'Assemblée. » Nous ne pouvons recevoir beaucoup de personnes, mais celles qui peuvent tenir ici doivent y rester. (Bien! bien!) La tribune est publique par la Constitution. (Marques d'approbation.)

*Le Président Vitet.* — Voici le décret de réquisition :

« L'Assemblée nationale, conformément à l'article 32 de la Constitution, requiert la 10ᵉ légion pour défendre le lieu des séances de l'Assemblée. »

Je consulte l'Assemblée. (Le décret est voté à l'unanimité ; une certaine agitation succède à ce vote. Plusieurs membres parlent en même temps.)

*M. Berryer.* — Je supplie l'Assemblée de garder le silence. Le bureau, qui rédige en ce moment les décrets et à qui je propose de remettre tous les pouvoirs pour les différentes mesures à prendre, a besoin de calme et de silence. Ceux qui auront des motions à faire les feront ensuite ; mais si tout le monde parle, il sera impossible de s'entendre. (Le silence se rétablit.)

*Un Membre.* — Je demande que l'Assemblée reste en permanence jusqu'à ce qu'on envoie des forces. Si nous nous séparons avant que les forces viennent, nous ne pourrons plus nous réunir.

*M. Legros-Desvaux.* — Oui! oui! la permanence.

*M. Favreau.* — Je demande à rendre compte de ce qui s'est passé ce matin à l'Assemblée. Le ministre de la marine avait donné au colonel Espinasse l'ordre de faire évacuer les salles. Nous étions trente ou quarante dans la salle des conférences. Nous avons déclaré que nous nous rendions dans la salle des séances et que nous y resterions jusqu'à ce qu'on osât nous en expulser.

On est allé chercher M. Dupin, qui est venu nous trouver dans la salle des séances; nous lui avons remis une écharpe, et, lorsque la troupe s'est présentée, il a demandé à parler au chef. Le colonel s'est présenté, et M. Dupin lui a dit :

« J'ai le sentiment du droit et j'en parle le langage. Vous déployez ici l'appareil de la force : je proteste. »

*M. Monet.* — Présent à cette scène, je demande l'insertion au procès-verbal de l'acte de violence qui a été commis envers nous. Après la lecture que j'ai faite, sur l'invitation de mes collègues, de l'art. 68 de la Constitution, j'ai été appréhendé au corps et arraché violemment de mon banc.

*M. Dahirel.* — Nous, qui avons reçu des coups de baïonnette, nous n'en sommes pas surpris.

MM. Odillon Barrot et de Nagle arrivent dans la salle et apposent leur signature sur le décret de déchéance.

M. le président donne mission à M. Hovyn-Tranchère de faire entrer des représentants qui sont retenus à la porte.

*M. Piscatory.* — Je demande à l'Assemblée de lui rendre compte d'un fait qui me paraît important. Je suis allé faire reconnaître plusieurs de mes collègues qui ne pouvaient entrer. Les officiers de paix m'ont dit que le maire avait donné l'ordre de ne faire entrer personne. Je me suis transporté immédiatement chez le maire, qui m'a dit : « Je représente le pouvoir exécutif et je ne puis laisser entrer les représentants. » Je lui ai fait connaître le décret que l'Assemblée avait rendu et lui ai dit qu'il n'y avait d'autre pouvoir exécutif que l'Assemblée nationale (très-bien !) et je me suis retiré. J'ai cru qu'il était bon de faire cette déclaration au nom de l'Assemblée. (Oui ! oui ! — Très-bien !) Quelqu'un m'a dit en passant : « Dépêchez-vous, dans peu de moments la troupe sera ici. »

*M. Berryer.* — Je demande provisoirement qu'un décret ordonne au maire de laisser les abords de la salle libres.

*M. de Falloux.* — Il me semble que nous ne prévoyons pas deux choses qui me paraissent très-vraisemblables; la première, que vos ordres ne seront pas exécutés; la seconde, que nous serons expulsés d'ici. Il faut convenir d'un autre lieu de réunion.

*M. Berryer.* — Avec les personnes étrangères qui se trouvent présentes, nous ferions une chose peu utile;

nous saurons bien nous faire avertir du lieu où nous pourrons nous réunir. (Non! non! Un décret provisoire.)

M. *le Président.* — M. Dufaure a la parole. Silence, Messieurs, les minutes sont des heures.

M. *Dufaure.* — L'observation qui vient d'être faite est juste; nous ne pouvons désigner hautement le lieu de notre réunion. Mais je demande que l'Assemblée confère à son bureau le droit de le choisir. Il avertira chacun des membres du lieu de la réunion, afin que chacun de nous puisse s'y rendre. Messieurs, nous sommes maintenant les seuls défenseurs de la Constitution, du droit, de la République, du pays. (Oui! oui! — très-bien.) — Des cris de « Vive la République! » se font entendre.) Ne nous manquons pas à nous-mêmes, et s'il faut succomber devant la force brutale, l'histoire nous tiendra compte de ce que, jusqu'au dernier moment, nous avons résisté par tous les moyens qui étaient en notre pouvoir. (Bravos et applaudissements.)

M. *Berryer.* — Je demande que, par un décret, l'Assemblée nationale ordonne à tous les directeurs de maisons de force ou d'arrêt de délivrer, sous peine de forfaiture, les représentants qui ont été arrêtés.

Ce décret est mis aux voix par le président et adopté à l'unanimité.

*Le général Lauriston.* — L'Assemblée n'est pas en lieu de sûreté. Les autorités municipales prétendent que nous avons forcé les portes, et qu'elles ne peuvent pas laisser la mairie occupée par nous. Je sais que des agents de police sont allés prévenir l'autorité, et que d'ici à peu de temps des forces importantes nous forceront à évacuer la salle.

Un représentant arrive et s'écrie : « Dépêchons-nous, voilà la force qui arrive. » (Il est midi et demi.)

M. Antony Thouret entre et signe le décret de déchéance en disant : « Ceux qui ne signent pas sont des lâches. »

Au moment où l'on annonce l'arrivée de la force armée, un profond silence s'établit. Tous les membres du bureau montent sur leurs siéges pour être vus de toute l'Assemblée et des chefs de la troupe.

M. *le Président. Benoist d'Azy.* — Silence, messieurs! Les chefs de la troupe ne se présentent pas.

M. *Antony Thouret.* — Puisque ceux qui occupent la mairie n'entrent pas dans cette salle pour dissoudre cette séance, qui est la seule légale, je demande que le président, au nom de l'Assemblée nationale, envoie une députation qui sommera la troupe de se retirer au nom du peuple. (Oui! oui! très-bien!)

M. *Canet.* — Je demande à en faire partie.

M. *Benoist d'Azy.* — Soyez calmes, messieurs. Notre devoir est de rester en séance et d'attendre.

M. *Pascal Duprat.* — Vous ne vous défendrez que par la révolution.

M. *Berryer.* — Nous nous défendrons par le droit.

*Voix diverses.* — Et la loi, la loi; pas de révolution.

M. *Pascal Duprat.* — Il faut envoyer dans toutes les parties de Paris et principalement dans les faubourgs, et dire à la population que l'Assemblée nationale est debout, que l'Assemblée a dans la main toute la puissance du droit, et qu'au nom du droit elle fait un appel au peuple; c'est votre seul moyen de salut. (Agitation et rumeurs.)

*Plusieurs Membres*, dans le fond de la salle. — On monte ! on monte ! (Sensation suivie d'un profond silence.)

M. *le Président Benoist d'Azy.* — Pas un mot, messieurs, pas un mot ! silence absolu ! c'est plus qu'une invitation, permettez-moi de dire que c'est un ordre.

*Plusieurs Membres.* — C'est un sergent, c'est un sergent qu'on envoie !

M. *le président Benoist d'Azy.* — Un sergent est le représentant de la force publique.

M. *de Falloux.* — Si nous n'avons pas la force, ayons au moins la dignité.

*Un Membre.* — Nous aurons l'une et l'autre. (Profond silence.)

M. *le Président.* — Restez à vos places, songez que l'Europe entière vous regarde !

M. le président Vitet et M. Chapot, l'un des secrétaires, se dirigent vers la porte par laquelle la troupe va pénétrer, et s'avancent jusque sur le palier. Un sergent et une douzaine de chasseurs de Vincennes du 6e bataillon occupent les dernières marches de l'escalier.

MM. Grévy de Charencey et plusieurs autres représentants ont suivi MM. Vitet et Chapot. Quelques personnes étrangères à l'Assemblée se trouvent aussi sur le palier. Parmi elles nous remarquons M. Beslay, ancien membre de l'Assemblé constituante.

M. *le Président Vitet*, s'adressant au sergent. — Que voulez-vous? Nous sommes réunis en vertu de la Constitution.

*Le Sergent.* — J'exécute les ordres que j'ai reçus.

M. *le Président Vitet.* — Allez parler à votre chef.

M. *Chapot.* — Dites à votre chef de bataillon de monter ici.

Au bout d'un instant, un capitaine faisant les fonctions de chef de bataillon se présente au haut de l'escalier.

M. *le Président,* s'adressant à cet officier. — L'Assemblée nationale est ici réunie. C'est au nom de la loi, au nom de la Constitution que nous vous sommons de vous retirer.

*Le Commandant.* — J'ai des ordres.

M. *Vitet.* — Un décret vient d'être rendu par l'Assemblée, qui déclare qu'en vertu de l'article 68 de la Constitution, attendu que le Président de la République porte obstacle à l'exercice du droit de l'Assemblée, le Président est déchu de ses fonctions; que tous les fonctionnaires et dépositaires de la force et de l'autorité publique sont tenus d'obéir à l'Assemblée nationale. Je vous somme de vous retirer.

*Le Commandant.* — Je ne puis pas me retirer.

M. *Chapot.* — A peine de forfaiture et de trahison à la loi, vous êtes tenu d'obéir sous votre responsabilité personnelle.

*Le Commandant.* — Vous connaissez ce que c'est qu'un instrument; j'obéis. Du reste, je vais rendre compte immédiatement.

M. *Grévy.* — N'oubliez pas que vous devez obéissance à la Constitution et à l'article 68.

*Le Commandant.* — L'article 68 n'est pas fait pour moi.

M. *Beslay.* — Il est fait pour tout le monde ; vous devez lui obéir.

M. le président Vitet et M. Chapot rentrent dans la salle.

M. Vitet rend compte à l'Assemblée de ce qui vient de se passer entre lui et le chef de bataillon.

M. *Berryer.* — Je demande que ce ne soit pas seulement par un acte du bureau, mais par un décret de l'Assemblée, qu'il soit immédiatement déclaré que l'armée de Paris est chargée de veiller à la défense de l'Assemblée nationale, et qu'il soit enjoint au général Magnan, sous peine de forfaiture, de mettre les troupes à la disposition de l'Assemblée. (Très-bien !)

M. *Pascal Duprat..* — Il ne commande plus.

M. *de Ravinel.* — C'est Baraguey-d'Hilliers qui commande. (Non ! non ! Si ! si !)

*Plusieurs membres.* — Sommez le général sans mettre le nom.

M. *le président Benoist d'Azy.* — Je consulte l'Assemblée..

L'Assemblée, consultée, vote le décret à l'unanimité.

M. *Monet.* — Je demande qu'il soit envoyé au président de l'Assemblée un double du décret qui a été rendu, prononçant la déchéance.

*Plusieurs membres.* — Il n'y en a plus, il n'y a plus de président! (Agitation.)

M. *Pascal Duprat.* — Puisqu'il faut dire le mot, M. Dupin s'est conduit lâchement. Je demande qu'on ne prononce pas son nom. (Vives rumeurs.)

M. *Monet.* — J'ai voulu dire le président de la haute cour. C'est au président de la haute cour qu'il faut envoyer le décret.

M. *le président Benoist d'Azy.* — M. Monet propose que le décret de déchéance soit envoyé au président de la haute cour nationale.

Je consulte l'Assemblée.

L'Assemblée, consultée, adopte le décret.

M. *Jules de Lasteyrie.* — Je vous proposerai, Messieurs, de rendre un décret qui ordonne au commandant de l'armée de Paris et à tous les colonels de légions de la garde nationale, d'obéir au président de l'Assemblée nationale, sous peine de forfaiture, afin qu'il n'y ait pas un homme qui ne sache dans la capitale quel est son devoir, et que s'il y manque, c'est une trahison envers le pays. (Très-bien! très-bien!)

M. *Dufraisse.* — Et au commandant de la garde nationale de Paris?

M. *le président Benoist d'Azy.* — Il est évident que le décret rendu s'applique à tous les fonctionnaires et commandants.

M. *Dufraisse.* — Il faut spécifier.

M. *Pascal Duprat.* — Nous avons à craindre dans les départements le retentissement des décrets fâcheux qui ont été publiés ce matin par le Président de la République; je demande que l'Assemblée prenne une mesure quelconque pour faire savoir aux départements quelle est l'attitude que nous avons prise ici au nom de l'Assemblée nationale.

*Plusieurs voix.* — Nos décrets, nos décrets sont là.

M. *de Rességuier.* — Je demande que le bureau soit chargé de faire une proclamation à la France.

*Voix diverses.* — Les décrets seulement, les décrets.

M. *le président Benoist d'Azy.* — Si nous avons la possibilité de publier les décrets, tout est fait; sinon, nous ne pouvons rien.

M. *Antony Thouret.* — Il faut envoyer des émissaires dans Paris; donnez-moi un exemplaire de notre décret.

*De toutes parts.* — C'est fait! c'est fait!

M. *Rigal.* — Je demande qu'on prenne toutes les mesures nécessaires pour faire imprimer le décret.

*Un membre.* — Je demande qu'on mette en réquisition le télégraphe.

M. *de Ravinel.* — Qu'on empêche le directeur de communiquer avec les départements, sinon pour transmettre les décrets de l'Assemblée.

M. *Dufraisse.* — Je demande, si l'Assemblée croit utile de l'ordonner, qu'il soit rendu un décret qui défende à tout directeur des deniers publics de les livrer sur les ordres des fonctionnaires publics actuels. (C'est fait ! c'est fait ! — C'est compris dans le décret.)

M. *Colfavru.* — Puisqu'on dit dans le décret que toutes les attributions du pouvoir exécutif passent à l'Assemblée.

M. *de Montebello.* — La responsabilité pécuniaire est de droit.

M. *Antony Thouret.* — Il me semble que l'Assemblée doit aussi se préoccuper de la position de nos collègues, les généraux qui sont à Vincennes.

*De toutes parts.* — C'est fait ; il y a un décret rendu sur la proposition de M. Berryer.

M. *Antony Thouret.* — Je demande pardon à l'Assemblée ; c'est que je suis arrivé trop tard.

M. *le général Oudinot.* — Jamais nous n'avons éprouvé le besoin d'entourer notre président de plus de déférence, de soumission et de considération que dans ce moment. Il est bien qu'il soit investi d'une espèce de dictature, passez-moi l'expression. (Réclamations de la part de quelques membres). Je retire l'expression si elle peut éveiller la moindre susceptibilité ; je veux dire que sa parole doit obtenir immédiatement respect et silence. Notre force, notre dignité sont précisément dans l'unité. Nous sommes unis, il n'y a plus dans l'Assemblée de côté droit, ni de côté gauche. (Très-bien ! très-bien !) Nous avons tous des fibres au cœur ! c'est la France tout entière qui est blessée en ce moment. (Très-bien !)

Un seul mot. Quand le président croira devoir déléguer un ou plusieurs de nous pour une mission quelconque, que nous lui obéissions. Pour moi, j'obéirai complètement. Je veux qu'il soit entendu que toutes les propositions passeront par le bureau. Sinon qu'arrivera-t-il ? C'est qu'ainsi que vient de le faire M. Antony Thouret, on reproduit des propositions, justes en elles-mêmes, qui déjà ont été faites et adoptées. Ne perdons pas de temps ; mais que tout passe par le bureau. Obéissons au président ; pour moi, je me soumets complétement à ses ordres avec le plus grand empressement. (Très-bien !)

M. *le président Benoist d'Azy.* — Je crois que la force de

l'Assemblée consiste à conserver une parfaite union. Je propose, conformément à l'avis qui vient de m'être exprimé par plusieurs membres, que le général Oudinot, notre collègue, soit investi du commandement des troupes. (Très-bien! très-bien! bravo!)

M. *Tamisier.* — Sans doute, M. le général Oudinot, comme tous nos collègues, ferait son devoir; mais vous devez vous rappeler l'expédition romaine qu'il a commandée. (Vives rumeurs. — Réclamations nombreuses.)

M. *de Rességuier.* — Vous désarmez l'Assemblée une seconde fois.

M. *de Dampierre.* — Taisez-vous, vous nous tuez.

M. *Tamisier.* — Laissez-moi achever, vous ne me comprenez pas.

M. *le président Benoist d'Azy.* — S'il y a des divisions parmi nous, nous sommes perdus.

M. *Tamisier.* — Ce n'est pas une division; mais quelle autorité aura-t-il sur le peuple?

M. *Berryer.* — Mettez la proposition aux voix, M. le président.

M. *Pascal Duprat.* — Nous avons, parmi nos collègues, un homme qui, dans d'autres circonstances moins difficiles, il est vrai, a su résister aux pensées fâcheuses de Louis-Napoléon Bonaparte, c'est M. Tamisier. (Exclamations et rumeurs.)

M. *Tamisier.* — Mais je ne suis pas connu, que voulez-vous que je fasse?

M. *Piscatory.* — En grâce, laissez voter. Qu'il soit bien entendu, ce dont je suis profondément convaincu, que M. Tamisier, quand il a contesté le nom du général Oudinot, ne voulait pas amener de division parmi nous.

M. *Tamisier.* — Non, je le jure! Je n'adhérais pas, parce que je craignais que cette nomination ne produisît pas sur le peuple de Paris l'effet que vous en attendiez.

M. *le général Oudinot.* — Je suis prêt à me soumettre aux ordres quelconques qu'on me donnera pour le salut de mon pays; ainsi j'accepterai tout commandement.

*De toutes parts,* — Aux voix, aux voix, la nomination du général Oudinot!

M. *le président Benoist d'Azy.* — Je consulte l'Assemblée.

L'Assemblée consultée, rend un décret qui nomme le général Oudinot commandant en chef des troupes.

M. *le général Oudinot.* — Un seul mot. M. le président, et mes collègues, je ne puis décliner aucun honneur. Ce serait une injure que je ferais à mes compagnons d'armes;

ils ont fait en Italie, ils feront partout leur devoir. Aujourd'hui, le nôtre est tracé ; il consiste à obéir aux ordres du président, parce que, ces ordres, il les puisera dans le droit de l'Assemblée nationale, dans la Constitution. (Très-bien !) Ordonnez donc ; le général Oudinot obéira : s'il avait besoin de popularité, il l'aurait puisée ici même. (Très-bien ! très-bien !).

M. *de Saint-Germain*. — Je demande que le décret qui nomme le général Oudinot soit rédigé immédiatement ; il faut que le général en ait un exemplaire.

*Les Membres du bureau*. — On le rédige.

(Pendant que Messieurs les membres du bureau rédigent le décret, M. le général Oudinot s'approche de M. Tamisier et échange avec lui quelques paroles.)

M. *le général Oudinot*. — Messieurs, je viens d'offrir à M. Tamisier de me servir de chef d'état-major. (Très-bien !) Il accepte. (Très-bien ! très-bien ! bravos enthousiastes.)

Je demande à M. le président de faire connaître immédiatement à la troupe de ligne l'honneur que vous venez de me confier. (Très-bien !)

M. *Tamisier*. — Messieurs, vous m'avez donné une tâche bien difficile que je n'ambitionnais pas ; mais avant de partir pour accomplir les ordres de l'Assemblée, permettez-moi de jurer que je pars pour défendre la République. (Voix diverses : Très-bien ! Vive la République ! vive la Constitution !)

En ce moment les membres qui se trouvent auprès de la porte annoncent qu'un officier du 6ᵉ bataillon de chasseurs arrive avec de nouveaux ordres. Le général Oudinot s'avance vers lui accompagné de M. Tamisier.

M. Tamisier donne lecture à l'officier du décret qui nomme le général Oudinot général en chef de l'armée de Paris.

*Le général Oudinot*, à l'officier. — Nous sommes ici en vertu de la Constitution. Vous voyez que l'Assemblée vient de me nommer commandant en chef. Je suis le général Oudinot, vous devez reconnaître son autorité, vous lui devez obéissance. Si vous résistiez à ses ordres, vous encourriez les punitions les plus rigoureuses. Immédiatement vous seriez traduit devant les tribunaux. Je vous donne l'ordre de vous retirer.

*L'Officier* (un sous-lieutenant du 6ᵉ chasseurs de Vincennes). — Mon général, vous savez notre position, j'ai reçu des ordres.

Deux sergents qui sont à côté de l'officier prononcent

12

quelques mots et semblent l'encourager à la résistance.

*M. le général Oudinot.* — Taisez-vous, laissez parler votre chef ; vous n'avez pas le droit de parler.

*L'un des Sergents.* — Si j'en ai le droit.

*Le général Oudinot.* — Taisez-vous, laissez parler votre chef.

*Le Sous-Lieutenant.* — Je ne suis que le commandant en second. Si vous voulez, faites monter le commandant en premier.

*Le général Oudinot.* — Ainsi vous résistez ?

*L'Officier,* après un instant d'hésitation. — Formellement.

*Le général Oudinot.* — Il va vous être donné un ordre écrit. Si vous y désobéissez, vous en subirez les conséquences. (Un certain mouvement a lieu parmi les soldats.)

*Le général Oudinot.* — Chasseurs, vous avez un chef, vous lui devez respect et obéissance. Laissez-le parler.

*Un Sergent.* — Nous le connaissons ; c'est un brave.

*Le général Oudinot.* — Je lui ai dit qui j'étais ; je lui demande son nom.

Un autre sous-officier veut parler.

*Le général Oudinot.* — Taisez-vous, ou vous seriez de mauvais soldats.

*L'Officier.* — Je m'appelle Charles Guédon, sous-lieutenant au 6e bataillon de chasseurs.

*Le général Oudinot,* à l'officier. — Vous déclarez donc que vous avez reçu des ordres et que vous attendez les instructions du chef qui vous a donné la consigne ?

*Le Sous-Lieutenant.* — Oui, mon général.

*Le général Oudinot.* — C'est la seule chose que vous ayez à faire.

(M. le général Oudinot et M. Tamisier rentrent dans la salle. Il est une heure un quart.)

*M. le général Oudinot.* — Monsieur le président, je reçois les deux décrets qui me donnent, l'un le commandement de la troupe de ligne, l'autre le commandement de la garde nationale. Vous avez bien voulu accepter, sur ma proposition, M. Tamisier comme chef d'état-major pour la troupe de ligne. Je vous prie de vouloir bien accepter M. Mathieu de la Redorte comme chef d'état-major pour la garde nationale. (Très-bien !)

*Plusieurs Membres.* — C'est à vous à faire ce choix, c'est dans vos pouvoirs.

*M. le président Benoist d'Azy.* — Vous usez de votre droit ; mais puisque vous nous communiquez votre pensée à cet égard, je crois répondre à l'intention de l'Assemblée en disant que nous applaudissons à votre choix. (Oui, oui ! très-bien !)

*Le général Oudinot.* — Ainsi, vous reconnaissez M. Mathieu de la Redorte comme chef d'état-major de la garde nationale ? (Marques d'assentiment.)

M. *le président Benoist d'Azy*, après quelques instants d'attente. — On me dit que quelques personnes sont déjà sorties ; je ne suppose pas que personne veuille se retirer avant que nous ayons vu la fin de ce que nous pouvons faire.

*De toutes parts.* — Non ! non ! en permanence.

M. *Berryer*, rentrant dans la salle avec plusieurs de ses collègues. — Messieurs, une fenêtre était ouverte. Il y avait beaucoup de monde dans la rue. J'ai annoncé par la fenêtre que l'Assemblée nationale, régulièrement réunie, en nombre plus que suffisant pour la validité de ses décrets, avait prononcé la déchéance du Président de la République, que le commandement supérieur de l'armée et de la garde nationale était confié au général Oudinot, et que son chef d'état-major était M. Tamisier. Il y a eu acclamations et bravos. (Très-bien !)

M. Guilbot, chef du 3ᵉ bataillon de la 10ᵉ légion de la garde nationale, se présente en uniforme à la porte de la salle et déclare au général Oudinot qu'il vient se mettre à la disposition de l'Assemblée.

*Le général Oudinot.* — Bien, bien, commandant, c'est d'un bon exemple.

M. Balot, chef du 4ᵉ bataillon, sans uniforme, fait la même déclaration.

Après quelques instants, deux commissaires de police se présentent à la porte de la salle, et, sur l'ordre du président, s'avancent auprès du bureau.

*L'un des Commissaires* (le plus âgé). — Nous avons ordre de faire évacuer les salles de la mairie ; êtes-vous disposés à obtempérer à cet ordre ? Nous sommes les mandataires du préfet de police.

*Plusieurs membres.* — On n'a pas entendu.

M. *le président Benoist d'Azy.* — M. le commissaire nous dit qu'il a ordre de faire évacuer la salle. J'adresse à M. le commissaire cette question : Connaît-il l'article 68 de la Constitution ? Sait-il quels en sont les conséquences ?

*Le Commissaire.* — Sans doute, nous connaissons la Constitution ; mais, dans la position où nous nous trouvons, nous sommes obligés d'exécuter les ordres de nos chefs supérieurs,

M. *le Président Benoist d'Azy.* — Au nom de l'Assemblée, je vais faire donner lecture de l'article 68 de la Constitution.

M. le président Vitet fait cette lecture en ces termes : « Toute mesure par laquelle le Président de la République dissout l'Assemblée nationale, la proroge ou met obstacle à son mandat, est un crime de haute trahison. Par ce seul fait, le Président est déchu de ses fonctions; les citoyens sont tenus de lui refuser obéissance. Le pouvoir exécutif passe de plein droit à l'Assemblée nationale. Les juges de la haute cour de justice se réunissent immédialement, à peine de forfaiture; ils convoquent les jurés dans le lieu qu'ils désignent; ils nomment eux-mêmes les magistrats chargés de remplir les fonctions du ministère publics. »

. M. *le président Benoist d'Azy*, au commissaire. — C'est conformément à l'article 68 de la Constitution, dont vous venez d'entendre la lecture, que l'Assemblée, empêchée de siéger dans le lieu ordinaire de ses séances, s'est réunie dans cette enceinte. Elle a rendu le décret dont il va vous être donné lecture.

M. le président Vitet donne lecture du décret de déchéance ainsi conçu :

## RÉPUBLIQUE FRANÇAISE.

### DÉCRET.

« L'Assemblée nationale, réunie extraordinairement à la mairie du X⁰ arrondissement;

« Vu l'article 68 de la Constitution, ainsi conçu...

« Attendu que l'Assemblée est empêchée par la violence d'exercer son mandat,

« Décrète :

« Louis-Napoléon Bonaparte est déchu de ses fonctions de Président de la République;

« Les citoyens sont tenus de lui refuser obéissance ;

« Le pouvoir exécutif passe de plein droit à l'Assemblée nationale ;

« Les juges de la haute cour de justice sont tenus de se réunir immédiatement, sous peine de forfaiture, pour procéder au jugement du Président de la République et de ses complices.

« En conséquence, il est enjoint à tous les fonctionnaires

et dépositaires de la force et de l'autorité publique d'obéir à toutes réquisitions faites au nom de l'Assemblée, sous peine de forfaiture et de trahison.

« Fait et arrêté à l'unanimité, en séance publique, le 2 décembre 1851.

   « *Pour le Président empêché :*

    « BENOIST D'AZY, VITET, vice-présidents ;
     GRIMAULT, MOULIN, CHAPOT, secrétaires ;
    et tous les membres présents. »

M. *le président Benoist d'Azy.* — C'est en vertu de ce décret, dont nous pouvons vous remettre copie, que l'Assemblée s'est réunie ici et qu'elle vous somme par ma bouche, d'obéir à ses réquisitions. Je vous répète que, légalement, il n'existe qu'une seule autorité en France, en ce moment ; c'est celle qui est ici réunie. C'est au nom de l'Assemblée qui en est la gardienne, que nous vous requérons d'obéir. Si la force armée, si le pouvoir usurpateur agit vis-à-vis de l'Assemblée avec la force, nous devons déclarer que nous, nous sommes dans notre droit. Il est fait appel au pays. Le pays répondra.

M. *de Ravinel.* — Demandez leurs noms aux commissaires.

M. *le président Benoist d'Azy.* — Nous qui vous parlons, nous sommes MM. Vitet, Benoist d'Azy, vice-présidents ; Chapot, Grimault et Moulin, secrétaires de l'Assemblée nationale.

*Le Commissaire* (le plus âgé). — Notre mission est pénible ; nous n'avons pas même une autorité complète, car dans ce moment, c'est la force militaire qui agit, et la démarche que nous faisons était pour empêcher un conflit que nous aurions regretté. M. le préfet nous avait donné l'ordre de venir vous inviter à vous retirer ; mais nous avons trouvé ici un détachement considérable de chasseurs de Vincennes envoyé par l'autorité militaire, qui prétend seule avoir le droit d'agir ; car la démarche que nous faisons est officieuse et pour empêcher un conflit fâcheux. Nous ne prétendons pas juger de la question de droit ; mais j'ai l'honneur de vous prévenir que l'autorité militaire a des ordres sévères et qu'elle les exécutera très-probablement.

M. *le président Benoist d'Azy.* — Vous comprenez parfaitement, Monsieur que l'invitation à laquelle vous donnez en ce moment un caractère officieux, ne peut produire aucune impression sur nous. Nous ne céderons qu'à la force.

*Le deuxième Commissaire* (le plus jeune). — Monsieur le président, voici l'ordre qu'on nous a donné, et sans plus attendre, nous vous sommons, que ce soit à tort ou à raison, de vous disperser. (Violents murmures.)

*Plusieurs Membres.* — Les noms ! les noms des commissaires !

*Le premier Commissaire* (le plus âgé). — Lemoine-Bacherel et Marlet.

En ce moment un officier arrive, un ordre à la main, et dit : « Je suis militaire, je reçois un ordre, je dois l'exécuter. Voici cet ordre : »

« Commandant, en conséquence des ordres du ministre « de la guerre, faites occuper immédiatement la mairie du « X° arrondissement, et faites arrêter, s'il est nécessaire, « les représentants qui n'obéiraient pas sur-le-champ à « l'injonction de se diviser. « — Le général en chef, Magnan. » (Explosion de murmures).

*Plusieurs Membres.* — Eh bien ! qu'on nous arrête, qu'on donne l'ordre de nous arrêter.

Un autre officier pénètre dans la salle, un ordre à la main. Il s'approche du bureau et donne lecture d'un ordre ainsi conçu :

« Le général en chef prescrit de laisser sortir de la mai- « rie les représentants qui s'y trouvent et qui n'oppose- « seraient aucune résistance. Quant à ceux qui ne vou- « draient pas obtempérer à cette injonction, ils seront « arrêtés immédiatement et conduits avec tous les égards « possibles, à la prison de Mazas. »

*De toutes parts.* — Tous à Mazas !

M. *Émile Leroux.* — Oui ! oui ! allons à pied !

*Le président Benoit d'Azy*, à l'officier. — Vous vous présentez avec un ordre ; nous devons, avant tout, vous demander, ainsi que nous l'avons déjà fait à l'officier qui s'est présenté le premier, si vous connaissez l'article 68 de la Constitution, qui déclare que tout acte du pouvoir exécutif pour empêcher la réunion de l'Assemblée est un crime de haute trahison qui fait cesser, à l'instant même, les pouvoirs du chef du pouvoir exécutif. C'est en vertu de son décret qui déclare la déchéance du pouvoir exécutif que nous agissons en ce moment. Si nous n'avons pas de force à opposer...

M. *de Larcy.* — Nous opposons la résistance du droit.

*Le président Benoit d'Azy.* — J'ajoute que l'Assemblée, obligée de pourvoir à sa sûreté, a nommé le général Oudinot commandant de toutes les forces qui peuvent être appelées à la défendre.

*M. de Larcy.* — Commandant, nous faisons un appel à votre patriotisme comme Français.

*M. le général Oudinot,* à l'officier. — Vous êtes le commant du 6ᵉ bataillon ?

*L'Officier.* — Je suis commandant par intérim. Le commandant est malade.

*Le général Oudinot.* — Eh bien ! commandant du 6ᵉ bataillon, vous venez d'entendre ce que M. le président de l'Assemblée vous a dit ?

*L'Officier.* — Oui, mon général.

*Le général Oudinot.* — Qu'il n'y avait pour le moment d'autre pouvoir en France que l'Assemblée. En vertu de ce pouvoir, qui m'a délégué le commandement de l'armée et de la garde nationale, je viens vous déclarer que nous ne pouvons obéir que contraints, forcés, à l'ordre qui nous interdisait de rester réunis. En conséquence, et en vertu des droits que nous tenons d'elle, je vous ordonne d'évacuer et de faire évacuer la mairie.

Vous avez entendu, commandant du 6ᵉ bataillon ; vous avez entendu que je vous ai donné l'ordre de faire évacuer la mairie. Allez-vous obéir ?

*L'Officier.* — Non, et voici, pourquoi : j'ai reçu de mes chefs des ordres, et je les exécute.

*De toutes parts.* — A Mazas ! à Mazas !

*L'Officier.* — Au nom des ordres du pouvoir exécutif, nous vous sommons de vous dissoudre à l'instant même.

*Voix diverses.* — Non, non, il n'y a pas de pouvoir exécutif. Faites-nous sortir de force ; employez la force.

Sur l'ordre du commandant, plusieurs chasseurs pénètrent dans la salle. Un troisième commissaire de police et plusieurs agents y pénètrent également. Les commissaires et les agents saisissent les membres du bureau, M. le général Oudinot, M. Tamisier et plusieurs autres représentants, et les conduisent presque sur le palier. Mais l'escalier est toujours occupé par la troupe. Les commissaires et les officiers montent et descendent pour aller chercher et apporter des ordres. Après un quart d'heure environ, les soldats ouvrent les rangs. Les représentants, toujours conduits par les agents et le commissaire, descendent dans la cour. Le général Forey se présente, le général Oudinot lui parle un instant et se retournant vers les membres de l'Assemblée, dit que le général Forey lui a répondu : « Nous sommes militaires, nous ne connaissons que nos ordres. »

*M. le général Lauriston.* — Il doit connaître les lois et la Constitution. Nous avons été militaires comme lui.

*Le général Oudinot.* — Le général Forey prétend qu'il ne doit obéir qu'au pouvoir exécutif.

*Tous les représentants.* — Qu'on nous emmène, qu'on nous emmène à Mazas !

Plusieurs gardes nationaux qui sont dans la cour crient, chaque fois que la porte s'ouvre pour laisser passer les officiers qui vont et viennent : « Vive la République ! vive la Constitution ! »

Quelques minutes se passent. Enfin, la porte s'ouvre, et les agents ordonnent aux membres du bureau et de l'Assemblée de se mettre en marche; MM. les présidents Benoist et Vitet déclarent qu'il ne sortiront que par la force. Les agents les prennent par les bras, et les font sortir dans la rue. MM. les secrétaires, le général Oudinot, M. Tamisier et les autres représentants, sont conduits de de la même manière, et on se met en marche à travers deux haies de soldats. Le président Vitet est tenu au collet par un agent ; le général Forey est en tête des troupes, et dirige la colonne. L'Assemblée, ainsi prisonnière, est conduite, au milieu des cris de : « Vive l'Assemblée ! vive la République ! vive la Constitution ! » poussés par les citoyens qui sont dans les rues et aux fenêtres, jusqu'à la caserne du quai d'Orsay, en suivant les rues de Grenelle, Saint-Guillaume, Neuve-de-l'Université, de l'Université, de Beaune, les quais Voltaire et d'Orsay. Tous les représentants entrent dans la cour de la caserne, et on referme la porte sur eux. Il est trois heures vingt minutes.

Sur la proposition d'un membre, on procède, dans la cour même, à l'appel nominal. MM. Grimault, secrétaire, et Antony Thouret font l'appel nominal, qui constate la présence de deux cent vingt membres dont les noms suivent :

MM. Albert de Luynes, d'Andigné de la Chasse, Antony Thouret, Arène, Audred de Kerdrel (Ille-et-Vilaine), Audren de Kerdrel (Morbihan), de Balzac, Barchou de Penhoen, Barrillon, Odilon Barrot, Barthélemy Saint-Hilaire, Bauchard, Gustave de Beaumont, Béchard, Béhaguel, de Belvèze, Benoist d'Azy, de Bernardy, Berryer, de Berset, Besse, Beting de Lancastel, Blavoyer, Bocher, Boissié, de Botmiliau, Bouvatier de Broglie, de la Broise, de Bryas, Buffet, Caillet du Tertre, Callet, Camus de la Guibourgère, Canet, de Castillon, de Cazalès, amiral Cécile, Chambolle, Chamiot, Chanpanhet, Chaper, Chapot, de Charancey, Chassaigne, Chauvin, Chazant, de Chazelles, Chégaray, de Coislin, Colfavru, Colas de la Motte, Coquerel, de Corcelles, Cordier, Corne, Creton, Daguilhon-Pujol, Dahirel, Dambray, de Dampierre, de Brotonne, de Fontaine, de Fontenay, Desèze, Desmars, de la Devansaye, Didier, Dieuleveult, Druet-Desvaux, Abraham Dubois, Dufaure, Dufougerais, Dufour, Dufournel, Marc Dufraisse, Pascal Duprat, Duvergier de Hauranne, Etienne de Falloux, de Faultrier, Faure (Rhône), Favreau, Ferré des Ferris, de Flavigny, de Foblant, Frichon, Gain, Gasselin, Germonière, de Gicquiau, de Goulard, de Goyon, de Grandville, de Grasset, Grelier-Dufougeroux, Grevy, Grillon, Grimault, Gros, Guillier de la Tousche, Harscouet de Saint-George, d'Havrincourt, Hennecart, Hennequin, d'Hespel, Houel, Hovyn-Tranchère, Huot, Joret, Jouannet, de Kéranfleck, de Kératry, de Kéridec, de Kermasec, de Kersauron-Penendreff, Léo de Laborde, Laboulie, Lacave, Oscar Lafayette, Lafosse, Lagarde, Lagrenée, Lainé, Lanjuinais, Larabit, de Larcy, J. de Lastyrie, Latrade, Laureau, Laurenceau, général Lauriston, de Laussat, Lefebvre de Grosriez, Legrand, Legros-Desvaux, Lemaire, Émile Leroux, Lespérut, de Lespinois, Lherbette, de Linsaval, de Luppé, Maréchal, Martin de Villers, Maze-Saunay, Mèze, Armand de Melun, Anatole de Melun, Mérintié, Michaut, Mispoulet, Monet, de Montebello, de Montigny, Moulin, Murat-Sistrière, Alfred Nettement, d'Olivier, général Oudinot, de Reggio, Paillet, Duparc, Passy, Émile Péan, Pecoul, Casimir Périer, Pidoux, Pigeon, de Piogé, Piscatory, Proa, Prud'homme, Querhoent, Randoing, Raudot, Raulin, de Ravinel, de Rémusat, Renaud, Résal, de Rességuier, Henri de Riancey, Rigal, de la Rochette, Rodat, de Roquefeuil, des Rotours de Chaulieux, Rouget-Lafosse, Rouillé, Roux-Carbonel, Sainte-Beuve, de Saint-Germain, général de Saint-Priest, Salmon (Meuse), Sauvaire-Barthélemy, de Serré, de Sesmaison, Simonot, de Staplante, de Surville, de Talhouet, Talon, Tamisier, Turiot de la Rosière, de Tinguy, de Tocqueville, de la Tourette, de *Préveneuc*, Mortimer-Ternaux, de Vatimesnil, de Vandœuvre, Vernhette (Hérault), Vernhette (Aveyron), Vézin, Vitet, de Vogué.

L'appel terminé, le général Oudinot prie les représentants qui sont dispersés dans la cour de se réunir autour de lui, et leur fait la communication suivante :

« Le capitaine adjudant-major, qui est resté ici pour commander la caserne, vient de recevoir l'ordre de faire préparer des chambres dans lesquelles nous aurons à nous retirer, nous considérant comme en captivité. (Très-bien!) Voulez-vous que je fasse venir l'adjudant-major? (Non!

non! c'est inutile!). Je vais lui dire qu'il ait à exécuter ses ordres. (Oui! c'est cela!).»

Quelques instants après, les chambres étant préparées, plusieurs représentants s'y rendent; les autres restent dans la cour.

Nous avons donné cette séance telle qu'elle se trouve dans les livres publiés sur le coup d'État. Nous croyons qu'il est complétement inutile de la faire suivre d'aucune espèce de réflexions.

Nous nous contenterons de faire observer que quand M. Pascal Duprat déclara qu'il ne serait possible de se défendre que par une révolution, des voix s'élevèrent pour crier : la loi, pas de révolution !

Il est probable que, si la séance de l'Assemblée se fût prolongée pendant plus de temps, la réunion des représentants n'eût pu être dissoute sans effusion de sang. Un rassemblement considérable d'étudiants, qui s'était formé sur la place de l'Ecole-de-Médecine, et qui ne comptait pas moins de 1,500 jeunes gens, s'était mis en marche dans l'après-midi, pour se porter à la mairie du X<sup>e</sup> arrondissement, et prêter main-forte aux représentants du peuple. Les gardes municipaux à cheval avaient chargé ce rassemblement, à l'entrée de la rue du Vieux-Colombier, et l'avaient refoulé ; mais des groupes menaçants s'étaient formés plus loin pour se rendre par d'autres voies au point désigné. Les républicains ont reproché aux membres de l'Assemblée nationale d'avoir perdu le temps en vaines délibérations, en présence d'une force armée qui agissait résolument, sans tenir compte des protestations. Assurément, ont dit les républicains, le général Oudinot ne manque point de courage ; mais il ne fallait pas attendre que la salle des séances fût cernée ; on devait profiter au contraire des dispositions favorables de la garde nationale et des citoyens rassemblés, en faire une ceinture, qui n'eût sans doute pas arrêté la troupe, mais qui eût nécessité l'emploi des armes. Le bruit de la fusillade eût retenti dans les quartiers éloignés, et imprimé à la population, qui cherchait partout des chefs, un élan enthousiaste dont on n'eût pas triomphé aisément. Les représentants, au contraire, ne surent que s'offrir en victimes, et demandèrent eux-mêmes à être conduits à

Mazas, où étaient enfermés un grand nombre de leur collègues.

L'emploi de la force contre des représentants inviolables de l'Assemblée eût d'autant plus vivement impressionné le peuple, que cette Assemblée paraissait alors le seul refuge contre les envahissements du nouveau pouvoir, dont les tendances étaient encore inconnues, et qui n'avait pas, dans l'opinion publique, l'autorité d'un gouvernement établi.

Nous dirons peu de chose de l'objection présentée par M. Granier de Cassagnac, et tirée de ce que l'Assemblée nationale n'était pas légalement constituée à la mairie du Xᵉ arrondissement, l'article 40 de la Constitution portant : La présence de la moitié plus un des membres de l'Assemblée est nécessaire pour la validité du vote. Il est trop évident que l'emploi de la force pour éloigner les représentants donnait à la minorité, dont la réunion avait pu se constituer, le droit de prendre des mesures de salut public. Au surplus, le chef du pouvoir exécutif se trouvait sous l'application de l'article 68 de la Constitution, qui prononçait sa déchéance de plein droit, s'il entreprenait de dissoudre l'Assemblée nationale.

Les représentants arrêtés, au nombre de 218, furent conduits à la caserne du quai d'Orsay, escortés par un régiment de ligne, à la tête duquel se trouvait le général Forey. Là, on leur déclara qu'ils étaient libres de partir séparément.

Un grand nombre s'y refusèrent, déclarant qu'ils voulaient partager la captivité de leurs collègues. On prit d'abord le parti de les pousser dehors et de les placer dans des voitures qui les ramèneraient chez eux. Mais lorsqu'on voulut constater leur identité avant de les mettre en liberté, tous refusèrent de se faire connaître et répondirent invariablement aux questions qui leur étaient adressées : *Représentant du peuple.* On se décida alors à les constituer prisonniers.

Quelques-uns furent transférés au Mont-Valérien dans les voitures cellulaires affectées au transport des criminels. Parmi eux étaient MM. de Montebello, Falloux, Piscatory, Gustave de Beaumont, les généraux Oudinot et Lauriston, etc. Dans la soirée, on les fit sortir du fort et monter en voiture. Quand on fut arrivé dans la plaine, on les invita à descendre. Comme ils s'obstinaient encore à se considérer comme prisonniers, il leur fut répondu :

« On va dételer les chevaux et vous laisser là. »

Cette menace les décida à descendre et à regagner leur domicile.

M. Étienne, qui avait été blessé pendant l'évacuation de la salle du X<sup>e</sup> arrondissement, resta assez longtemps à la caserne du quai d'Orsay, et ne put être transféré à son domicile qu'après avoir reçu les premiers soins que réclamait son état.

Les représentants dirigés sur le Mont-Valérien étaient au nombre de cinquante-deux.

Soixante-deux autres furent conduits à Mazas, et cent quatre à Vincennes.

Parmi ces derniers se trouvaient : MM. Berryer, Odilon Barrot, Beschard, Léo de La Borde, de Riancey, etc.

La réunion des représentants de la mairie du X<sup>e</sup> arrondissement fut peu importante, en raison du nombre de ceux qui y prirent part. Mais une autre réunion des hommes d'action eut lieu dans la Chaussée-d'Antin, rue Blanche, chez M. Coppens. La plus grande partie des membres de la gauche républicaine se réunit dans cette maison. On y remarquait MM. Victor Hugo, Michel (de Bourges), Emmanuel Arago, Baudin, Brives, Schœlcher, Joigneaux, Charamaule, etc.

Tous les membres présents ne voyaient qu'un seul moyen de sauver la République : *l'appel à l'insurrection !* mais tous étaient loin d'être d'accord sur l'opportunité. Les uns étaient d'avis de descendre immédiatement dans la rue et d'engager la lutte, en se mettant à la tête des citoyens. Les autres faisaient valoir l'apathie générale qui rendrait ce sacrifice inutile.

« Le caractère du coup d'État, disaient-ils, n'est pas encore compris des masses. Sans doute il règne de l'agitation et une suspicion à l'égard des projets de Louis-Naléon ; mais son plan n'a pas encore été compris : le danger de la République n'apparaît pas à tous.

« N'agissons point avant d'avoir éclairé le peuple et provoqué son indignation. Différons la prise d'armes jusqu'au lendemain, et mettons à profit les heures qui nous restent pour animer les groupes et leur faire connaître par des proclamations que les représentants républicains sont toujours prêts à mourir à leur poste.

M. Victor Hugo, qui avait d'abord été d'avis d'engager l'action sans différer, rédigea lui-même la proclamation de la gauche républicaine. Elle était conçue en ces termes :

« Louis-Napoléon est un traître !

« Il a violé la Constitution !

« Il s'est lui-même mis hors la loi !

« Les représentants républicains rappellent au peuple « et à l'armée les articles 68 et 110 de la Constitution « ainsi conçus :

« Article 68. — Toute mesure par laquelle le Président « de la République dissout l'Assemblée, la proroge, ou « met obstacle à l'exercice de son mandat, est un crime « de haute trahison. Par ce seul fait, le Président est « déchu de ses fonctions, les citoyens sont tenus de lui « refuser obéissance.

« Article 110. — L'Assemblée constituante confie la « défense de la présente Constitution et les droits qu'elle « consacre, à la garde nationale et au patriotisme de tous « les Français.

« Le peuple désormais et à jamais en possession du « suffrage universel, le peuple qui n'a besoin d'aucun « prince pour le lui rendre, saura châtier le rebelle.

« Que le peuple fasse son devoir, les représentants ré-« publicains marchent à sa tête.

« Vive la République ! vive la Constitution ! aux armes !

« *Signé :* Michel (de Bourges), Schœlcher, gé-néral Leydet, Mathieu (de la Drôme), Lasteyras, Brives, Brey-mand, Joigneaux, Chauffour, Cas-sal, Gilland, Jules Favre, Victor Hugo, Emmanuel Arago, Madier de Montjau, Mathé, Signard, Ron-jat (de l'Isère), Viguier, Eugène Sue, de Flotte (1). »

(1) Voir *Histoire du 2 Décembre*, par M. Mayer, p. 120, 121.

13

Le restaurant Bonvallet, boulevard du Temple, fut encore, vers deux heures de l'après-midi, le siége d'une nouvelle réunion de représentants républicains. M. Michel (de Bourges) appela la foule aux armes. Une irruption de la police dans l'établissement Bonvallet prévint le tumulte qui allait éclater sur ce point. Il n'y eut toutefois aucune arrestation

La maison de M. Beslay, ex-constituant, fut aussi le siége d'une nombreuse réunion de membres de la gauche. Au milieu d'eux se trouvait M. Forestier, colonel de la 6e légion de la garde nationale. La police, qui était aux aguets pour prévenir ces réunions, força encore une fois les représentants à chercher un autre lieu de réunion. Vers le milieu de la nuit, ils purent se rassembler, chez l'un d'eux, M. Lafond (du Lot), quài de Jemmapes. Cette maison ne paraissant pas assez sûre, les représentants se transportèrent sans délai chez un citoyen d'un patriotisme éprouvé M. Frédéric Cournet, ancien officier de marine.

Une circonstance heureuse servit fort bien cette assemblée, et lui permit de délibérer sans être inquiétée. Un certain M. Cornet habitait une maison voisine ; trompés par la ressemblance du nom, quelques représentants allèrent frapper à la porte de ce citoyen, et, reconnaissant leur erreur, en sortirent pour aller au lieu indiqué. La police qui surveillait les allées et venues fut victime de la même erreur, et crut que la réunion avait effectivement lieu chez un citoyen inoffensif. Une force armée considérable cernait sa maison, la fouillait dans les moindres recoins, tandis que les représentants, qui étaient l'objet de ces investigations, étaient paisiblement rassemblés à quelques pas de là.

Le plan suivant fut arrêté : les représentants promirent de se rendre le lendemain au faubourg Saint-Antoine, dans le quartier Saint-Marceau, dans quelques autres quartiers populeux, et de commencer eux-mêmes les barricades. Une cinquantaine de représentants jurèrent de donner ainsi l'exemple du dévouement. Quelques journalistes, des gardes nationaux, des ouvriers, tous hommes d'énergie firent à leur tour serment de seconder les représentants du peuple, assurés que les masses ne resteraient pas insensibles à cet appel héroïque des derniers défenseurs de la liberté. On prit rendez-vous, pour le lendemain, au café Rossin, situé rue du Faubourg-Saint-Antoine, pour se porter de là sur la place de la Bastille. Il était une heure du matin quand cette réunion se dispersa.

Cependant la haute cour de justice, à qui la Constitution confiait les attributions de tribunal suprême pour juger le chef du pouvoir exécutif, à raison de tout attentat contre la Constitution, s'était réunie le 2 décembre, à dix heures du matin, dans l'une des salles de la Cour de cassation. Dix membres étaient présents. Après délibération, la haute cour rendit l'arrêt suivant :

« La haute cour :

« Vu les placards imprimés et affichés sur les murs de la capitale, et notamment, celui portant : le Président de la République, etc... l'Assemblée nationale est dissoute, etc... « Lesdits placards, signés : Louis-Napoléon Bonaparte et plus bas : le ministre de l'intérieur, signé : Morny.

« Attendu que ces faits et l'emploi de la force militaire dont ils sont appuyés, réaliseraient le cas prévu par l'article 68 de la Constitution. Déclare :

« Qu'elle se constitue ; dit qu'il y a lieu de procéder en exécution dudit article 68 ; nomme pour son procureur général M. Renouard, conseiller à la Cour de cassation ; et s'ajourne à demain midi pour la continuation de ses opérations.

« Ont signé au registre : Ardouin, président ; Pataille, Delapalme, Aug. Moreau, Cauchy, juges. Présents les deux suppléants, Quénault et Grandet ; Bernard, greffier en chef (1). »

Sur ces entrefaites, trois commissaires de police, suivis d'un nombre respectable d'agents et appuyés par un bataillon de garde municipale, pénétrèrent dans la salle, saisirent les registres et forcèrent les membres du tribunal à se séparer, sous peine d'arrestation immédiate (2). Un

(1) Le bruit courut, ce même jour, dans Paris que la haute cour s'était retirée à Amiens.

(2) M. Eug. Ténot dit que cette troupe était commandée par M Montour, aide de camp du ministre de la marine. (*Paris en décembre*, 1851, p. 169.)

procès-verbal rédigé dans la même journée par les magistrats qui composaient la haute cour, fait connaître les circonstances suivantes :

« Le même jour, à cinq heures, les mêmes juges, s'étant réunis chez leur président, constatèrent que, de l'ordre de M. Maupas, préfet de police, trois commissaires de police, accompagnés d'officiers de paix et d'un détachement de gardes républicaines, commandés par un lieutenant, avaient envahi la chambre du conseil et sommé la haute cour de se séparer sous peine d'être dissoute par la force et ses membres emprisonnés. La Cour avait protesté et déclaré qu'elle ne cédait qu'à la force.

« Le 3 décembre, la haute cour se réunit au palais de justice, à midi, disent encore les registres. M. Renouard, auquel avait été notifié l'arrêt de la veille, fut introduit et déclara qu'il acceptait les fonctions de procureur général.

« La Cour lui donna acte de sa déclaration, et, attendu que les obstacles matériels à l'exécution de son mandat continuaient, elle s'ajourna. »

Nous devons ajouter, en historiens fidèles, que les magistrats de la haute cour, tirés de la Cour de cassation, ne persistèrent pas dans la voie de la résistance ouverte, et qu'ils comptèrent, le lendemain même, parmi les plus fermes soutiens du nouveau pouvoir.

Dans la soirée du 2 décembre l'agitation sembla s'accroître sur toute la ligne des boulevards. Cependant un mot d'ordre circulait dans la foule : *C'est pour demain.* Cela suffit pour dissoudre peu à peu les rassemblements, et dès neuf heures du soir, la circulation était à peu près rétablie sur tous les points de la rive droite. Sur la rive gauche, l'agitation avait pris, dans la soirée, un caractère plus sérieux, et il fallut des assurances réitérées pour empêcher la lutte d'éclater prématurément. Cette fois, la classe bourgeoise semblait devoir donner la main à la classe ouvrière; les habitants de la Chaussée-d'Antin et du faubourg Saint-Germain étaient unis à ceux des faubourgs dans le même sentiment de résistance. Les masses, animées par les proclamations des républicains, n'en étaient plus à dire comme dans la matinée :

« Nous ne nous battons pas, nous voterons. »

La nuit fut calme, et le temps fut mis à profit par ceux qui étaient résolus de prendre part à l'insurrection. On fabriqua secrètement de la poudre, on fondit des balles et on amassa des munitions dans les principaux quartiers choisis par l'insurrection ; les faubourgs du Temple, Saint-Marceau, Saint-Antoine, la Bastille, la barrière du Trône, les quartiers Saint-Denis et Saint-Martin. Dans la nuit, le ministre de l'intérieur faisait parvenir au ministre de la guerre et au général Magnan les deux dépêches suivantes :

LE MINISTRE DE L'INTÉRIEUR AU MINISTRE DE LA GUERRE.

« Paris, le 2 décembre 1851.

« Un ami m'apprend que l'arrondissement doit être couvert de barricades demain ; je vous transmets cet avis, car il est de la plus grande importance que le service du ministère de l'intérieur soit assuré.

« *Le secrétaire particulier du ministre,*
« *Signé :* LÉOPOLD LEHON. »

LE MINISTRE DE L'INTÉRIEUR AU GÉNÉRAL EN CHEF.

« Paris, le 2 décembre 1851.

« Les patrouilles de la nuit ne sont pas bonnes. Elles sont peu nombreuses, facilement entourées. Il vaudrait mieux ne pas voir de troupes du tout ou en voir davantage. Cela les fatigue inutilement.
« Je maintiens avec entêtement un système : la police seule pour épier les projets ; la troupe pour agir violemment si ces projets s'exécutent. Mais de grosses patrouilles n'empêchent jamais rien ; elles rendent seulement l'usage des troupes moins efficace le lendemain.

« *Signé :* MORNY. »

## IX.

### JOURNÉE DU 3 DÉCEMBRE.

Le 3 décembre au matin, les troupes furent réparties de la manière suivante : la première division de l'armée de Paris, sous les ordres du général Carrelet, occupait les Tuileries, le palais de l'Élysée et les places environnantes. Elle comprenait trois brigades d'infanterie, trois batteries d'artillerie, deux régiments de lanciers ; un détachement du génie et deux bataillons de gendarmerie mobile. Les généraux de brigade Canrobert, Dulac, Reybelle, Cotte et de Bourgon commandaient ces forces, sous les ordres du général Carrelet. Une forte cavalerie, sous le commandement des généraux Korte, d'Allonville et Tartas, s'étendait dans les Champs-Élysées. Il y avait là deux régiments de carabiniers, deux de cuirassiers, deux de dragons et une réserve. Ces forces réunies comprenaient environ vingt mille hommes.

La deuxième division, commandée par le général Renault, ayant sous ses ordres les généraux de brigade Forey, Rippert et Sauboul, s'étendait sur divers points de la rive gauche de la Seine. Cette division, qui comptait près de dix-sept mille hommes, comprenait sept régiments d'infanterie de ligne, deux bataillons de chasseurs, trois batteries d'artillerie et un détachement du génie.

La troisième division, forte de dix-huit mille hommes, aux ordres du général de division Levasseur et des généraux de brigade Herbillon, Marulaz et de Courtigis, occupait l'hôtel de ville, la place de la Bastille, la barrière du Trône et s'étendait jusqu'à Vincennes. Cette division comprenait six régiments d'infanterie de ligne, deux régiments d'infanterie légère, un bataillon de chasseurs et des détachements de l'artillerie et du génie.

La garde municipale occupait le palais de justice et la préfecture. En outre, des détachements de sergents de ville avaient été embrigadés et armés de fusils ; on les vit plus d'une fois, pendant l'action, marcher en tête de l'armée.

Les précautions avaient été prises pour que l'armée ne manquât pas de vivres. On répondait ainsi à l'une des préoccupations du préfet de police, qui avait, en effet, écrit la veille au général Magnan :

« Vos troupes manquent de vivres sur plusieurs points; c'est souvent par le manque de bien-être que les troupes sont disposées à faiblir (la brigade du général Forey). »

M. Granier de Cassagnac rapporte qu'il aurait été imprimé que le président de la République avait fait enlever 20 millions à la Banque pour les distribuer aux troupes.

Il va sans dire que le fait s'est trouvé contredit. Louis-Napoléon aurait seulement distribué à ses soldats une somme de 50,000 francs, toute sa fortune personnelle à cette époque ; et il aurait chargé M. le colonel Fleury d'aller, brigade par brigade et homme par homme, distribuer cette dernière obole aux soldats. Voilà, ajoute-t-il, les dépenses du 2 décembre.

Dans la crainte que les officiers de la garde nationale ne fissent battre le rappel dans les rues, le colonel d'état-major Veyrat avait fait consigner tous les tambours et crever les caisses

Dans la pensée que les insurgés avaient l'intention de faire sonner le tocsin, on fit couper les cordes dans les églises. M. Belouino rapporte qu'on demandait préalablement, par déférence, la *permission aux curés.*

Le nouveau général de la garde nationale, M. de Lawoestine ayant cru devoir féliciter la garde nationale de son inaction fit afficher l'ordre du jour suivant :

## GARDES NATIONALES DE LA SEINE.

ORDRE DU JOUR DU 2 DÉCEMBRE 1851.

Soldats de la garde nationale ,

La confiance du prince, Président de la République, vient de me placer à votre tête.

Dans cette circonstance, le chef de l'État a bien plus consulté mon dévouement et mon patriotisme que le mérite de mes vieux services; il a voulu honorer un souvenir qui vous sera toujours cher, celui de l'illustre maréchal Gérard qui, depuis trente-six ans, daigne me nommer son ami.

Si j'ai accepté un honneur, que je suis loin d'avoir brigué, c'est que je puis vous présenter avec sécurité le passé de ma vie. J'ai toujours eu une horreur invincible pour ce patriotisme révolutionnaire qui met ses intérêts particuliers à la place de ceux de la patrie. Je n'ai jamais voulu servir mon pays que sous un étendard, sous celui qui nous a guidés triomphants dans l'univers. Je n'ai qu'une pensée en venant au milieu de vous, c'est de resserrer de plus en plus les liens qui vous unissent à cette noble armée dont vous êtes fiers, parce qu'elle se recrute parmi vos frères et vos enfants, et qu'elle est toujours prête à verser son généreux sang pour la défense de la patrie.

Je suis certain, soldats de la garde nationale, que les sentiments qui m'animent sont aussi les vôtres : oui, si jamais la démagogie osait relever la tête, si les ambitieux impuissants et égoïstes qui s'agitent autour de nous essayaient de réaliser leurs funestes projets, vous viendriez avec moi vous ranger auprès de nos invincibles bataillons : vous n'y viendriez que d'après mes ordres : je n'hésiterais pas à sévir avec une inflexible rigueur contre ceux qui oseraient faire battre le rappel sans mon ordre : vous seriez des soldats disciplinés, car ce n'est pas par vanité et pour parader à votre tête que j'ai accepté l'honneur de vous commander.

Soldats de la garde nationale, je compte sur votre patriotisme, comme vous pouvez compter sur mon dévouement et mes cordiales sympathies.

*Le général commandant supérieur,*

*Signé :* LAWOESTINE.

M. de Morny, ainsi qu'il résulte des nombreuses dépêches qui furent échangées pendant le premier cours du coup d'État, fut vraiment celui qui garda, au milieu de l'alarme répandue autour de lui, le sang-froid le plus inaltérable. C'est à lui que le nouveau gouvernement dut la conception des mesures qui préparèrent le coup d'État; ce fut lui qui traça le plan stratégique auquel ce gouvernement dut la victoire sur les masses populaires.

Les confidences qui nous ont été laissées par M. Véron prouvent qu'il fut, non la tête, mais l'âme du coup d'État.

Le succès n'était pas seulement douteux dans l'opinion publique : il paraissait même improbable.

Quoique les précautions prises la veille eussent assuré momentanément la tranquillité matérielle, on était persuadé qu'aucun résultat définitif ne serait obtenu tant que le parti républicain n'aurait pas livré un combat suprême. Les généraux en activité avaient presque tous adhéré au coup d'État; mais tout ce que Paris renfermait d'hommes célèbres ou influents dans les diverses parties du service administratif et judiciaire gardait encore une prudente réserve. Bien peu de fonctionnaires étaient venus, le 2 décembre, présenter à l'Élysée l'expression de leur dévouement. La plupart n'avait fait qu'exprimer des vœux pour le rétablissement de l'ordre et la prévention d'une lutte sanglante (1).

Dans la matinée du 3 décembre, Paris eut un réveil triste et inquiet; le ciel était couvert; une pluie fine embourbait les rues; les boutiques hésitaient à s'ouvrir; les voitures servant aux approvisionnements brûlaient le pavé; ceux que leurs affaires obligeaient de sortir semblaient avoir hâte de rentrer chez eux; les civières transportées à bras sur divers points, par les infirmiers de l'armée, offraient un spectacle qui impressionnait douloureusement.

Les républicains, qui s'étaient procuré, pendant la nuit, des armes et des munitions, commencèrent de bonne heure à se les partager. Quelques hommes armés se montrèrent, dès huit heures du matin, au carré Saint-Martin et dans la rue des Jeûneurs; des groupes hostiles apparurent, dans le même temps, aux abords du palais de justice. La garde républicaine, qui occupait ce poste, et dont un bataillon campait dans la salle des pas perdus, jeta aussitôt de côté les brocs remplis de vin que vidait la troupe, et forma les rangs. Une vive fusillade, engagée sans sommation préalable, eut bientôt balayé les abords des ponts de chaque côté de la cité. Des citoyens inoffensifs, effrayés par cette brusque attaque, se jetèrent dans les boutiques, qui se fermèrent à la hâte.

(1) Le soir du 2 décembre l'un des journaux favorables au coup d'État, nous ne savons plus lequel, dans un article à effet, destiné à réchauffer le zèle des tièdes, disait en terminant : « Parisiens, dormez en paix : César repose sous le dôme des Invalides et Auguste veille aux Tuileries. »

La foule commence à emplir les boulevards ; mais le tumulte est plus grand que la veille. Des attroupements, refoulés un instant par les charges de cavalerie, ne tardent pas à se reformer, plus compacts et plus menaçants.

Un grand nombre de proclamations républicaines ont été apposées pendant la nuit dans les divers quartiers.

M. Belouino nous a donné le texte d'une de ces proclamations, adressée à l'armée, et que nous hésitons à reproduire en entier à cause de son caractère injurieux pour un ancien maréchal et qu'il fait suivre de cette réflexion :

« Voilà comment des Français parlent d'une gloire militaire aussi belle et aussi pure que l'est celle du brillant vainqueur de Zaatcha. Et ils adressent cela à l'armée française ! c'est aux barricades que l'armée française a fait sa réponse. »

La proclamation était ainsi conçue :

A L'ARMÉE.

« Soldats, qu'allez vous faire ? on vous égare et on vous trompe. Vos plus illustres chefs sont jetés dans les fers ; la souveraineté nationale est brisée ; sa représentation nationale outragée, violée. Et vous allez suivre sur le chemin de l'opprobre et de la trahison un tas d'hommes perdus, un Louis-Napoléon, qui souille son grand nom par le plus odieux des crimes, etc.....

« Soldats, tournerez-vous contre la patrie ces armes qu'elle vous a confiées pour la défendre ? Soldats, la désobéissance est aujourd'hui le plus sacré des devoirs ! soldats, unissez-vous au peuple pour sauver la patrie et la République.

*A bas l'usurpateur !*

« Vos magistrats, vos représentants, vos concitoyens, vos frères, vos mères et vos sœurs, qui vous demanderont compte du sang versé (1). »

Une autre proclamation à l'armée qui paraît avoir été

(1) M. Bélouino, *Hist. d'un coup d'Etat*, p. 161 et 162.

l'œuvre de Victor Hugo, fut également affichée dans les quartiers Saint-Denis et Saint-Martin.

Un appel aux armes, répandu également à plusieurs milliers d'exemplaires, était ainsi conçu :

### AUX ARMES !

« La République, attaquée par celui qui lui avait juré fidélité doit se défendre et punir les traîtres.

« A la voix de ses représentants fidèles, le faubourg Saint-Antoine s'est levé et combat.

« Les départements n'attendent qu'un signal, et il est donné.

« Debout tous ceux qui veulent vivre et mourir libres !

« *Pour le Comité de résistance de la Montagne,*

« *Le représentant du peuple délégué,*

« A. MADIER-MONTJAU. »

MM. Jules Leroux, représentant du peuple, Gustave Naquet, un proscrit qui venait d'arriver de Londres, Desmoulins, typographe, Bocquet, un des délégués des corporations ouvrières, publièrent, à leur tour la proclamation suivante :

### AUX TRAVAILLEURS.

« Citoyens et compagnons,

« Le pacte social est brisé !

« Une majorité royaliste, de concert avec Louis-Napoléon, a violé la Constitution, le 31 mai 1850.

« Malgré la grandeur de cet outrage, nous attendions, pour en obtenir l'éclatante réparation, l'élection générale de 1852.

« Mais hier, celui qui fut le Président de la République a effacé cette date solennelle.

« Sous prétexte de restituer au peuple un droit que nul ne peut lui ravir, il veut, en réalité, le placer sous une dictature militaire.

« Citoyens, nous ne serons pas dupes de cette ruse grossière.

« Comment pourrions-nous croire à la sincérité et au désintéressement de Louis-Napoléon ?

« Il parle de maintenir la République et il jette en prison les républicains.

« Il promet le rétablissement du suffrage universel, et il vient de former un conseil consultatif des hommes qui l'ont mutilé.

« Il parle de son respect pour l'indépendance des opinions, et il suspend les journaux, il envahit les imprimeries, il disperse les réunions populaires.

« Il appelle le peuple à une élection, et il le place sous l'état de siége : il rêve on ne sait quel escamotage perfide qui mettrait l'électeur sous la surveillance d'une police stipendiée par lui.

« Il fait plus, il exerce une pression sur nos frères de l'armée, et viole la conscience humaine en les forçant de voter pour lui, sous l'œil de leurs officiers, en quarante-huit heures.

« Il est prêt, dit-il, à se démettre du pouvoir, et il contracte un emprunt de vingt-cinq millions, engageant l'avenir sous le rapport des impôts, qui atteignent indirectement la subsistance du pauvre.

« Mensonge, hypocrisie, parjure, telle est la politique de cet usurpateur.

« Citoyens et compagnons, Louis-Napoléon s'est mis hors la loi. La majorité de l'Assemblé, cette majorité qui a porté la main sur le suffrage universel, est dissoute.

« Seule, la minorité garde une autorité légitime. Rallions-nous autour de cette minorité. Volons à la délivrance des républicains prisonniers ; réunissons au milieu de nous les représentants fidèles au suffrage universel ; faisons-leur un rempart de nos poitrines ; que nos délégués viennent grossir leurs rangs, et forment avec eux le noyau de la nouvelle Assemblée nationale !

« Alors, réunis au nom de la Constitution, sous l'inspiration de notre dogme fondamental : Liberté, Fraternité, Égalité, à l'ombre du drapeau populaire, nous aurons facilement raison du nouveau César et de ses prétoriens !

« *Le Comité central des corporations.* »

« Les républicains proscrits reviennent dans nos murs seconder l'effort populaire. »

Le texte de cette dernière proclamation que nous trouvons dans l'ouvrage de M. Mayer, est également rapporté par M. Belouino, avec un post-scriptum, qui annonçait une nouvelle erronée, ou au moins fortement grossie :

« *P. S.* La ville de Reims est au pouvoir du peuple ;

elle va envoyer à Paris, au milieu de ses patriotiques phalanges, ses délégués à la nouvelle Assemblée.

« La républicains proscrits reviennent dans nos murs pour seconder l'effort populaire. »

On lisait encore l'affiche suivante, répandue surtout dans les rues de Belleville :

### PEUPLE !

« Depuis trois jours les valets de la Russie règnent dans la capitale. Les armes te manquent ; ta presse est tuée. Prends les armes de tes ennemis. Va briser les presses napoléoniennes, afin que nos frères des provinces ne soient point arrêtés dans leur élan patriotique par de fausses nouvelles.

« Plusieurs départements victorieux s'avancent. Paris le sera.

« *Pour le Comité des proscrits*
J. CLEDAT.
*Pour le Comité central de résistance,*
L.-M. GUÉRIN. »

Nous ne mentionnerons pas une foule de proclamations signées de Michel (de Bourges) et autres représentants.

Les précautions avaient été prises par l'autorité militaire pour mettre la place de la Bastille et l'entrée du faubourg Saint-Antoine à l'abri de toute tentative. La brigade Marulaz, qui campait sur la place depuis le matin, occupait aussi les maisons à l'entrée de la rue du faubourg, de la rue de la Roquette et de la rue de Charenton ; toutes les fenêtres étaient garnies de soldats. Douze canons étaient braqués dans diverses directions et trois obusiers placés en batterie, à l'entrée du faubourg, étaient prêts à le foudroyer. La résistance désespérée que les insurgés de juin 1848 avaient opposée à la troupe, dans cette position, avait fait sentir l'importance de cette occupation.

Le faubourg Saint-Antoine fut le théâtre de l'engagement le plus sérieux qui éclata dans la matinée, malgré la forte occupation militaire dont nous venons de parler.

Vers huit heures du matin, les représentants Baudin, Esquiros et Madier de Montjau, suivis de quelques autres, se rendirent à la salle Roisin, rue du Faubourg-Saint-Antoine, où rendez-vous avait été pris la veille.

Quelques ouvriers, qui avaient promis de s'associer au mouvement, attendaient les représentants; des groupes nombreux étaient formés de distance en distance; on s'y entretenait des événements de la veille et des nouveaux projets.

Les représentants reprochèrent aux gens du peuple leur inaction :

« Qu'attendez-vous pour combattre? leur dirent-ils, êtes-vous donc résignés à accepter l'Empire?

— « Non! Non! répondit la foule.

Quelques ouvriers prirent alors la parole, et demandèrent aux représentants s'il y avait nécessité de se battre alors que le suffrage universel n'était pas contesté.

« D'ailleurs, ajoutèrent-ils, comment pourrions-nous défendre les barricades, puisque nous sommes désarmés depuis l'insurrection de juin, et qu'on ne trouverait pas un fusil dans tout le faubourg. »

Ces observations découragèrent les représentants.

« Nous ne ferons rien ici, s'écria M. Malardier. »

Cependant quelques hommes du peuple se détachèrent et commencèrent à entourer les représentants, en jurant qu'ils sauraient les protéger, et que là où était un seul représentant du peuple, là était le drapeau du droit et de la liberté.

Au même instant, on entendit le galop d'une troupe de cavalerie; c'était un détachement de lanciers, partis du quai d'Orsay, qui escortait une dizaine d'omnibus dans lesquels on avait placé une centaine des représentants arrêtés la veille, et qu'on transférait à Vincennes. « On emmène nos représentants! délivrons-les! » s'écrièrent quelques voix.

La foule électrisée se précipita au-devant des chevaux; quelques hommes résolus, parmi lesquels on distinguait le représentant Malardier et Frédéric Cournet, saisissaient déjà la bride des chevaux, quand les prisonniers effarés, et redoutant une délivrance du peuple qui les aurait forcés à combattre, penchèrent la tête aux ouvertures et supplièrent la foule de ne pas les délivrer. La foule était indignée.

« C'est trop de lâcheté! s'écria Cournet. Que voulez-vous faire avec ces gens-là. »

On ne peut, en effet, rester froid, en voyant la conduite de ces membres de la majorité qui, après avoir compromis la Constitution républicaine par leurs tergiversations, leurs irrésolutions au moment d'agir, et avoir ainsi rendu facile le coup d'État qu'ils redoutaient, ne trouver, alors que l'honneur leur demandait de mourir sur leurs chaises curules, d'autres armes que de vaines protestations.

L'escorte, un moment arrêtée, reprit bientôt sa course vers Vincennes.

Cependant il fallait agir; les hommes de cœur qui se trouvaient au milieu des ouvriers comprirent qu'ils ne pouvaient effacer l'effet produit sur eux par ceux de leurs collègues qui avaient refusé d'être délivrés que par un coup d'audace.

Il fallait savoir mourir ou se retirer. Ils demeurèrent.

Ils étaient là quarante représentants et hommes du peuple. Voilà tout ce que l'idée démocratique, tout ce que la Constitution avaient de défenseurs dans le faubourg Saint-Antoine.

Les représentants ceignent leurs écharpes et crient : « Aux armes ! Aux armes ! »

Cent ouvriers à peine prennent part au mouvement; les autres laissent faire ou se retirent.

Les fenêtres s'ouvrent; des cris de *Vive la République !* répondent à l'appel des représentants; mais l'élan se borne à cette manifestation.

Il faut agir. Le rassemblement construit la première barricade vers le point même où il se trouve ; à la jonction des rues de Cotte et Sainte-Marguerite, un omnibus et quelques charrettes sont dételés et mis en travers de la voie qui ne se trouve pas complétement barrée.

Les défenseurs de cette barricade n'ont point d'armes, ils n'ont que leur poitrine à offrir aux balles des soldats.

Quel est leur but? Combattre, ils ne peuvent point ; mais se dévouer, mourir à ce poste et faire de leurs corps sanglants une hécatombe à la liberté !

Des citoyens s'étaient détachés de la barricade pour désarmer le poste établi au milieu de la chaussée du faubourg, à l'angle de la rue de Montreuil, et qui n'était défendu que par dix soldats, commandés par un sergent. Le poste fut désarmé malgré une certaine résistance.

L'un des soldats, dont la figure était ensanglantée se détacha pour donner l'alarme aux troupes qui campaient sur la place de la Bastille. Il était alors dix heures du matin.

A l'annonce de ce mouvement, le général Marulaz envoya un détachement composé de trois compagnies du 9ᵉ léger sous les ordres du chef de bataillon Pujol ; la première compagnie était commandée par le capitaine Petit.

Pendant que cette troupe s'avançait au pas de course, le rassemblement désarmait encore sans la moindre résistance, le poste du Marché-Noir.

A ce même moment un groupe de représentants, à la tête desquels s'étaient mis MM. Madier de Montjau et Alphonse Esquiros, se détachait suivi d'un petit nombre de citoyens, pour organiser la résistance du côté de la barrière du Trône, et construire, sur ce point, une barricade qui arrêtât l'effort des troupes postées dans l'avenue de Vincennes.

Le rassemblement principal disposait de vingt-deux fusils. Quelques citoyens découragés abandonnèrent la barricade, jugeant inutile de se faire tuer, sans que leur mort profitât à la cause républicaine.

L'un des curieux qui assistaient à la scène alla même jusqu'à dire au représentant Baudin :

— Croyez-vous que nous allons nous faire tuer pour vous conserver vos vingt-cinq francs par jour?

— « Demeurez encore un instant ici, répondit celui qui devait bientôt tomber à cette place, martyr de la liberté, et vous allez voir comment on meurt pour vingt-cinq francs. »

M. Schœlcher crut devoir donner un dernier avertissement aux défenseurs de la barricade :

« Mes amis, dit-il, pas un coup de fusil avant que la ligne n'ait ouvert le feu. Nous allons à elle : si elle tire, la première décharge sera pour nous ; si elle nous tue, vous nous vengerez. Mais jusque-là pas un coup de fusil. »

Huit représentants se placèrent debout sur la barricade : c'étaient MM. Baudin, Malardier, de Flotte, Dulac, Maigne, Brillier, Bruckner et Schœlcher. Quand la troupe fut arrivée à cent pas de la barricade, sept des représentants en descendirent; Baudin y resta seul pour commander les autres citoyens. Les soldats s'arrêtèrent spontanément en voyant arriver au-devant d'eux les représentants sans armes.

« Nous sommes représentants du peuple, leur dit M. Schœlcher, au nom de la Constitution nous réclamons votre concours pour faire respecter la loi du pays. Venez à nous, ce sera votre gloire. »

— « Taisez-vous, répondit le capitaine Petit; je ne veux pas vous entendre ; j'obéis à mes chefs : j'exécuterai leurs ordres. Retirez-vous ou je fais tirer. »

— « Vous pouvez nous tuer, répondirent d'une commune voix les sept représentants; nous ne reculerons pas. *Vive la République! Vive la Constitution!* »

— « Apprêtez les armes! » commanda l'officier.

A ce moment, les représentants crurent qu'ils n'avaient plus qu'à mourir, et mettant le chapeau à la main, ils poussèrent encore une fois le cri de *Vive la République!* Cependant le capitaine avait hésité à commander le feu. Les soldats s'avancèrent au pas, marchant droit à la barricade et se détournant même des représentants. Ceux-ci persistaient à s'adresser aux soldats.

« Joignez-vous à nous, » leur criaient-ils.

Quelques soldats impatientés de se voir serrés de près croisèrent la baïonnette: l'un d'eux en porta un coup à M. Schœlcher, qui l'évita. Un fourrier coucha même en joue M. Bruckner.

« Eh bien! tire, » s'écria ce brave représentant en offrant sa poitrine.

Le soldat, visiblement ému de ce trait de courage, releva son arme et la déchargea en l'air.

L'un des défenseurs de la barricade croyant que les soldats se servaient de leurs armes contre les représentants, lâcha la détente de son fusil : un soldat tomba foudroyé.

La troupe, qui n'était plus qu'à quelques pas de la barricade, riposta par une décharge générale. Le représentant Baudin, resté debout sur l'une des voitures, et qui adjurait encore les soldats de rendre leurs armes, tomba sous cette décharge : trois balles lui avaient fracassé la tête. Un citoyen, qui se tenait près de lui, également debout, le fusil à la main, reçut aussi une blessure mortelle.

Après cette décharge, la barricade fut escaladée, et les citoyens, massés derrière elle, poursuivis dans les rues de Cotte et Sainte-Marguerite.

Le cadavre de Baudin fut relevé par les soldats et transporté à la Morgue. Les représentants de la gauche avaient tenu parole : le sang de l'un d'eux avait coulé pour la cause de la liberté, et leur honneur était sauf. Il ne dépendit pas d'eux que le sacrifice ne fut plus complet. L'admiration que causa la mort héroïque de Baudin exerça une grande influence sur les événements qui s'accomplirent encore dans la journée en répandant une sinistre impression dans les quartiers les plus éloignés. Les écrivains les plus hostiles au parti républicain ont eux-mêmes rendu hommage au courage de Baudin :

« Que pouvaient faire, dit M. Granier de Cassagnac, les dévouements isolés et rares de quelques députés montagnards comme Baudin (de l'Ain), qui s'était fait tuer la veille, et comme Gaston-Dussoubs (de la Vienne), qui se fera tuer le lendemain ? »

Quelques citoyens enlevèrent le citoyen qui était tombé à côté de Baudin, et le transportèrent dans une maison voisine; d'autres citoyens rendirent le même devoir au soldat du 19ᵉ dont le corps était resté sur la voie publique, et le portèrent à l'hôpital Sainte-Marguerite (1).

Les représentants du peuple, qui n'avaient pas vu tomber leur collègue, se séparèrent, jugeant impossible de continuer la résistance dans cette partie du faubourg. D'ailleurs, le général Marulaz s'avançait, pour appuyer le 19ᵉ, à la tête d'un bataillon du 44ᵉ. Ce bataillon avait été lancé au pas de course dans la rue de Charonne, afin de prendre les insurgés en flanc par la rue de Cotte.

Les représentants Schœlcher, Malardier, Dulac et Bril-

(1) Les détails que nous venons de donner sur les événements du faubourg Saint-Antoine ont été tirés du récit émouvant qui en a été fait par M. Eugène Ténot, rédacteur du *Siècle*, dans son remarquable ouvrage intitulé : *Paris en décembre* 1851, *Étude historique sur le coup d'État.* 4ᵉ édition, Le Chevalier, libraire-éditeur, et du livre de M. Belouino, *Histoire d'un coup d'État.*

lier essayèrent encore, mais inutilement de soulever le peuple sur un autre point du faubourg. Après s'être dérobés à un bataillon, qui s'était avancé sur leur passage, ils se portèrent dans la rue de Charonne et s'arrêtèrent au carrefour Basfroi. Là, il leur fut impossible de trouver assez de citoyens pour élever une barricade; un petit nombre d'hommes se présentèrent.

« On nous saluait des portes et des fenêtres, a raconté Schœlcher, on agitait les casquettes et les chapeaux, on répétait avec nous : *Vive la République!* mais rien de plus ; il fallut bien nous avouer que le peuple ne voulait pas remuer ; son parti était pris. »

Il était midi, quand les représentant partirent du faubourg Saint-Antoine, pour aller rejoindre, dans le centre de Paris, leurs amis qui avaient déjà pris les armes.

Dans la matinée, sur le boulevard Beaumarchais, trois cents hommes, réunis sur ce point, s'étaient déjà jetés sur un détachement de gardes républicains, qui emmenaient des prisonniers. Les militaires avaient dégaîné, pour refouler la foule désarmée, et blessé deux citoyens. Cette troupe eut beaucoup de peine à se dégager, et dût se replier sur la caserne des Minimes. M. Madier de Montjau, qui se multipliait partout où la résistance pouvait s'organiser, avait quitté le faubourg Saint-Antoine pour se porter sur le boulevard Beaumarchais; il avait réussi à élever dans une des rues adjacentes, une barricade dont il avait pris le commandement, lorsqu'il fut obligé de l'évacuer après avoir été légèrement blessé (1); de là, ce représentant, suivi de M. Jules Bastide, se dirigea vers Belleville, où quelques barricades furent commencées et enlevées presque aussitôt.

(1) Ce jour-là même, le bruit de la mort d'Alphonse Esquiros courut; on disait qu'il avait été tué à côté de Madier de Montjau; il n'en était rien heureusement. Les représentants de la Montagne ne se faisaient aucune illusion sur la situation. Alph. Esquiros avec lequel nous nous trouvâmes quelques jours avant le Coup d'État, nous fit part des perplexités dans lesquelles étaient plongés lui et ses collègues; ils pressentaient que d'un moment à l'autre le pouvoir exécutif allait tenter de sortir de la légalité.

# X

Nous avons déjà dit que l'insurrection s'était concentrée de bonne heure dans les rues Saint-Martin, Saint-Denis et du Temple, entre les boulevards et les quais. Ces quartiers, alors merveilleusement disposés pour la guerre des rues présentaient une animation inexprimable, qui grandit encore lorsqu'on apprit la mort de Baudin. Des proclamations et des appels aux armes avaient pu y être affichées sans que la police pût y apporter obstacle; un grand nombre de gardes nationaux avaient même livré leurs fusils.

L'attitude de la population sur les boulevards n'était pas moins menaçante, malgré la présence des nombreux régiments d'infanterie de ligne, de chasseurs et de cuirassiers, qui occupaient les boulevards depuis le Château-d Eau jusqu'à la Bastille.

Quoique l'insurrection parût avoir pris ses dispositions, que les rues Saint-Denis, Grenéta, Beaubourg, Transnonain, Aumaire, Bourg-l'Abbé et une foule d'autres présentassent déjà un grand nombre de barricades dans leur dédale tortueux, il était évident que tout cela se faisait sans plan préconçu et sans suite. Les projets les plus contradictoires étaient discutés dans les rassemblements. Cependant on penchait généralement pour opérer une tentative sur la préfecture de police qui n'était défendue que par de faibles forces. Il n'y avait en effet sur ce point que deux escadrons de la garde républicaine et des détachements de sergents de ville, armés et équipés. Le général Magnan y envoya plus tard un bataillon du 19e léger avec trois pièces d'artillerie.

Plusieurs proposaient de se porter en masse sur Mazas, de délivrer les représentants que l'on supposait encore y être détenus, pour les mettre à la tête du peuple. Les dispositions militaires prises pour la défense de cette forteresse, firent renoncer à cette téméraire entreprise. Les représentants, qui étaient revenus du faubourg Saint-Antoine, heureux de rencontrer enfin un centre de résistance encouragaient les citoyens à engager immédiatement l'action, dans l'espoir qu'elle se généraliserait. Tel était notamment l'avis de Victor Hugo.

Nous devons constater en historiens fidèles, que cet avis n'était pas adopté unanimement. Il se rencontrait une foule de citoyens timides pour proposer que l'on se gardât bien d'en appeler aux armes jusqu'à ce que le peuple se montrât plus franchement résolu.

Les plus ardents avançaient que le peuple avait enfin des chefs pour diriger l'ensemble du mouvement, qu'un comité de résistance était constitué ; mais le désaccord qui régnait dans les décisions des représentants, montrait trop bien qu'ils agissaient tous isolément. Malgré la divergence des opinions, qui devait compromettre le succès, l'agitation grandissait d'heure en heure ; les partisans de la lutte l'emportaient enfin, il n'y avait plus à douter que la lutte s'engagerait dans l'après-midi.

Rien ne traduit mieux les préoccupations qui assiégeaient alors le nouveau gouvernement que la dépêche suivante du préfet de police au ministère de l'intérieur.

3 décembre, 4 heures.

« Voici le mot d'ordre que les délégués envoient à l'instant même à toutes les sections : Tout le monde au faubourg Saint-Antoine et à celui du Temple pour ce soir ! Ledru-Rollin, Caussidière, Mazzini, seront à Paris demain matin. Ne nous faisons pas d'illusions : c'est la grande lutte de 1852 que nous avons à combattre en décembre 1851.

« On m'annonce que le prince de Joinville débarque à Cherbourg, que ses frères chercheront à pénétrer en France par d'autres points. Cherbourg est donc essentiel à surveiller. Je vais pour ma part, veiller aux abords de Paris. Madier de Montjau est tué, Schœlcher gravement blessé. Nous trouverons chez nos ennemis, quand ils seront remis de leur premier échec, la résolution du désespoir.

« Les barricades à l'École de médecine. Le *Moniteur* demande instamment de l'ouvrage (1).

« Les représentants de la rue des Pyramides cherchent à renouveler aujourd'hui leur séance d'hier. Je ne les crois pas hostiles; néanmoins je désirerais avoir votre avis sur le parti à prendre.

« *Le Préfet de police,*

DE MAUPAS.

« P. S. La vérité sur la situation. Le sentiment des masses est l'élément le plus sûr de bonnes et sages résolutions; c'est en même temps pour le préfet de police le devoir le plus impérieux. *Je dois donc dire que je ne crois pas que les sympathies populaires soient avec nous. Nous ne trouvons d'enthousiasme nulle part. Ceux qui nous approuvent sont tièdes; ceux qui nous combattent sont d'un acharnement inexprimable.* Le bon côté de la médaille dont je viens de donner le revers, c'est que sur tous les points, chefs et soldats, la troupe paraît décidée à agir avec intrépidité; elle l'a prouvé ce matin. C'est là qu'est notre force et notre salut. Pour ma part, quelque pessimiste que je paraisse être, je crois fermement au succès ! »

La dépêche suivante est une preuve que la police avait tout à fait perdu la tête :

LE PRÉFET DE POLICE AU MINISTRE DE L'INTÉRIEUR.

Paris, le 3 décembre 1851, 4 heures 1/4.

« On commence les barricades dans la rue Rambuteau, à la hauteur des rues Saint-Denis et Saint-Martin; des voitures ont été arrêtées.

« On affirme que M. Madier de Montjau n'est pas tué et qu'il est dans les groupes. Le cri : Aux armes ! est poussé au coin de la rue Grenétat. Le point de rassemblement général est en ce moment le quartier Saint-Martin. Il paraît certain

(1) Les imprimeries avaient été généralement fermées; nous ne savons d'où partit la nouvelle que les compositeurs sans travail pouvaient se présenter à la préfecture de police; qu'on leur trouverait de l'occupation. Quelques-uns, poussés par la curiosité, y allèrent; on les adressa au directeur de l'imprimerie impériale, qui ne sut trop ce qu'on lui voulait. Le soir le bruit courait que ce moyen n'était employé que pour arrêter le plus de compositeurs possible et empêcher les impressions subversives. Plusieurs de ceux du *National* furent arrêtés.

qu'une troupe choisie dans les hommes d'action est convoquée en armes vers cinq heures au carré Saint-Martin, et que les meneurs de cette troupe ont annoncé qu'il serait question de se porter sur la présidence. On répand le bruit de la mort de MM. Charras, et Bedeau. On prétend aussi que les patriotes rouennais arrivent, et que Ledru-Rollin est dans les faubourgs. »

« Pour le préfet de police, en ce moment au conseil des ministres,

» *Le commissaire du gouvernement délégué,*

LE MINISTRE DE L'INTÉRIEUR AU GÉNÉRAL EN CHEF.

Paris, 3 décembre 1851.

« De la préfecture on me mande que quelques troupes trop faibles sont cernées. Comment fait-on cette faute, au lieu de laisser les insurgés s'engager tout-à-fait et des barricades sérieuses se former, pour ensuite écraser l'ennemi et le détruire ? Prenez garde d'user la troupe à des escarmouches, et de ne l'avoir plus à l'heure décisive. »

« *Signé :* MORNY. »

LE MINISTRE DE L'INTÉRIEUR AU GÉNÉRAL MAGNAN.

Paris, le 3 décembre 1851.

« Je vous répète que le plan des émeutiers est de fatiguer les troupes pour en avoir bon marché le troisième jour. C'est ainsi qu'on a eu 27, 28, 29 juillet, 22, 23, 24 février. N'ayons pas 2, 3, 4 décembre avec la même fin. Il ne faut pas exposer les troupes, les faire entrer et loger dans les maisons. Avec peu de troupes, à chaque angle de rue, aux fenêtres on tient tout un quartier en respect. J'ai rencontré bien des petites patrouilles inutiles. La troupe sera sur les dents. En la faisant coucher chez des particuliers, elle se repose et elle intimide tout le quartier. On me paraît suivre les vieux errements. Les vivres sont indignement servis ; on pille des vivres.

« Je vous livre ces réflexions. Il n'y a qu'avec une abstention entière, en cernant un quartier et en le prenant par la famine, ou en l'envahissant par la terreur, qu'on fera la guerre de ville.

« *Signé :* MORNY. »

Ces dépêches sont instructives en ce qu'elles nous montrent en tout et partout l'action dirigeante du ministère de l'intérieur. A l'heure où le gouvernement allait user de la voie répressive on affichait dans les rues de Paris, l'arrêté et la proclamation qui suivent :

« Nous, préfet de police, etc.

« Arrêtons ce qui suit :

« Art. 1er. — Tout rassemblement est rigoureusement interdit. Il sera immédiatement dissipé par la force.

« Art. 2. — Tout cri séditieux, toute lecture en public, tout affichage d'écrit politique n'émanant pas d'une autorité régulièrement constituée, sont également interdits.

« Art. 3. — Les agents de la force publique veilleront à l'exécution du présent arrêté.

« Fait à la Préfecture de police, le 3 décembre 1851.

« *Le Préfet de police,*

» DE MAUPAS.

« Vu et approuvé :

« *Le Ministre de l'intérieur,*
 « DE MORNY. »

---

## PROCLAMATION DU MINISTRE DE LA GUERRE.

### AUX HABITANTS DE PARIS.

Habitants de Paris !

Les ennemis de l'ordre et de la société ont engagé la lutte. Ce n'est pas contre le gouvernement, contre l'élu de la nation qu'ils combattent, mais ils veulent le pillage et la destruction.

Que les bons citoyens s'unissent au nom de la société et des familles menacées.

Restez calmes, habitants de Paris ! Pas de curieux inutiles dans les rues ; ils gênent les mouvements des braves soldats qui vous protégent de leurs baïonnettes

Pour moi, vous me trouverez toujours inébranlable dans la volonté de vous défendre et de maintenir l'ordre.

Le ministre de la guerre,
Vu la loi sur l'état de siège,

Arrête :

Tout individu pris construisant ou défendant une barricade, ou les armes à la main, sera fusillé.

*Le général de division, ministre de la guerre,*

De Saint-Arnaud:

Des affiches officielles, et ce fait fut remarqué, étaient apposées à côté des affiches républicaines, ces dernières étaient remarquables par leur exiguité ; elles étaient de la grandeur d'un prospectus.

A quatre heures et demie, le général Herbillon partit de l'hôtel de ville à la tête de sa brigade, et s'engagea dans la rue du Temple et le quartier des Halles, jusqu'à la hauteur de la pointe Saint-Eustache et la rue de Rambuteau.

Les citoyens qui défendaient les barricades, ne firent qu'une médiocre résistance ; ils semblaient avoir adopté pour tactique d'occuper la troupe sur une foule de points de la harceler, de forcer les corps à se morceler, et de les fatiguer jusqu'à ce qu'ils manquassent de vivres ou de munitions.

Dès qu'une barricade était enlevée, les soldats la détruisaient et en dispersaient les matériaux.

Une barricade élevée près de l'imprimerie nationale, fut défendue avec un peu plus d'énergie. Cependant la gendarmerie mobile s'en rendit maîtresse.

L'action devint de plus en plus vive à mesure que la troupe pénétra plus avant dans les rues Beaubourg, Grenéta, Transnonain, Saint-Martin et Saint-Denis.

Le 3me de ligne et le 9me bataillon de chasseurs à pied, appuyés de plusieurs pièces d'artillerie, attaquèrent cette position de front, tandis que le 6me léger se présentait sur les derrières des défenseurs des barricades, balayaient la rue du Temple et les rues latérales, et mirent bientôt les barricades entre deux feux.

Un grand nombre de combattants trouvèrent la mort dans ce combat ; la troupe fit une soixantaine de prisonniers, et un certain nombre d'entre eux furent fusillés, le décret du ministre de la guerre venait de recevoir sa triste application.

Une telle conduite n'était point propre à apaiser les esprits. Aussi, dès que la troupe évacuait un point quelconque pour se porter ailleurs, forçant les combattants à s'enfuir et à se cacher, on voyait aussitôt les barricades se réédifier. C'est ainsi que la rue Aumaire fut réoccupée par le peuple, pour être reprise par le 28$^{me}$ de ligne.

La résistance fut moins sérieuse sur les boulevards ; les rassemblements lachèrent pied devant des charges réitérées.

Nous trouvons, dans l'ouvrage de M. Mauduit, déjà cité, des renseignements intéressants sur la manière dont la cavalerie déblaya les boulevards :

« Le 3 décembre, dit M. Mauduit, vers six heures et demie du soir, le colonel de Rochefort, du 1$^{er}$ lanciers, reçut l'ordre de partir, avec deux escadrons seulement, pour maintenir la circulation sur les boulevards, depuis la rue de la Paix jusqu'au boulevard du Temple ; cette mission était d'autant plus difficile et délicate, qu'il lui avait été interdit de repousser par la force d'autres cris que ceux de : Vive la République démocratique et sociale.

« Le colonel, pressentant ce qui allait arriver, avait prévenu tout son détachement de n'avoir point à s'étonner de la foule qu'il aurait à traverser et des cris poussés par elle ; il prescrivit à ses lanciers de rester calmes, impassibles, jusqu'au moment où il ordonnerait la charge, et, une fois l'affaire engagée, de ne faire grâce à qui que ce fût.

« A peine parvenu sur les boulevards, à la hauteur de la rue de la Paix, il se trouva en présence d'un flot de population immense, manifestant l'hostilité la plus marquée, sous le masque du cri de : Vive la République!!! Ces cris convenus étaient accompagnés de gestes menaçants.

« L'œil attentif et l'oreille tendue, pour ordonner la charge au premier cri séditieux, le colonel continua à marcher ainsi au pas, poursuivi de hurlements affreux, jusqu'au boulevard du Temple.

« Le colonel, ayant reçu l'ordre de charger tous les groupes qu'il rencontrerait sur la chaussée, il se servit d'une ruse de guerre, dont le résultat fut de châtier un certain nombre de ces vociférateurs en paletots.

« Il masqua ses escadrons, pendant quelques instants, dans un pli de terrain, près du Château-d'Eau, pour leur donner le change et leur laisser croire qu'il était occupé du côté de la Bastille ; mais faisant brusquement demi-tour, sans être aperçu, et prescrivant aux trompettes et à l'avant-garde de rentrer dans les rangs, il se remit en marche aux pas, jusqu'au moment où il se trouva à l'endroit le plus épais de cette foule compacte et incalculable, avec l'intention de *piquer* tout ce qui s'opposerait à son passage.

« Les plus audacieux, enhardis peut-être par la démonstration pacifique de ces deux escadrons, se placèrent en avant du colonel et firent entendre des cris insultants de : Vive l'Assemblée nationale !!! A bas les traîtres ! Reconnaissant à ce cri une provocation, le colonel de Rochefort s'élance, comme un lion furieux, au milieu du groupe d'où elle était partie en frappant d'estoc, de taille et de lance. Il resta sur le carreau plusieurs cadavres.

« Dans ces groupes ne se trouvaient que peu d'individus en blouse.

« Les lanciers subirent cette rude épreuve morale avec un calme admirable, leur confiance n'en fut point ébranlée une minute, etc. (1) . »

A dix heures et demie du soir, les dernières barricades étaient enlevées, mais les coups de feu qui retentissaient encore de loin en loin, indiquaient que rien n'était encore terminé et que le triomphe de l'armée n'était pas encore décisif.

L'arrêté du général Saint-Arnaud, qui ordonnait de passer par les armes tout citoyen ayant pris part à la construction ou à la défense d'une barricade, était sans précédent dans l'histoire de nos guerres civiles. Non pas que des représailles, des vengeances particulières n'aient été quelquefois exercées par des vainqueurs que la résistance avait exaspérés, mais, du moins, jamais l'autorité militaire n'avait érigé en principe un prétendu droit qui faisait dégénérer nos discordes civiles, déjà si cruelles, en horribles massacres. Jusqu'alors l'autorité n'était inter-

---

(1) *Révolution militaire du 2 décembre*, par le capitaine H. Mauduit, pages 176 *et suivantes.*

venue que pour protéger les victimes de ces luttes fra-
ticides contre les exécutions sommaires.

On ne peut malheureusement contester que le décret du
général Saint-Arnaud n'ait reçu son exécution, lorsqu'on
lit dans le rapport officiel du général Magnan sur le combat qui eut lieu dans la rue Beaubourg :

« Tous les obstacles furent enlevés au pas de course,
et ceux qui les défendaient passés par les armes.

## XI

### SOIRÉE DU 3 DÉCEMBRE.

Dans la soirée du 3 décembre, au moment où la fusillade retentissait encore et où l'issue du combat n'avait
rien d'assuré, une conférence militaire eut lieu, sous la
présidence du ministre de la guerre Saint-Arnauld. Là se
trouvaient réunis le général Magnan, les généraux de division de l'armée de Paris, M. de Morny, et sans doute
aussi, comme on l'a avancé, le Président de la République
lui-même. M. de Morny proposa un nouveau plan d'opération qui fut aussitôt appuyé par le général Magnan et immédiatement adopté.

Nous avons vu que M. de Morny ne redoutait rien tant
que ces engagements partiels, d'où le peuple était sorti
victorieux après les journées de juillet 1830 et celles de
février 1848. Il proposa, au contraire, de retirer les patrouilles et les détachements isolés, de concentrer fortement les troupes sur quelques points principaux, en as-
surant soigneusement le service des vivres et des munitions.
Sans doute on permettait ainsi à l'insurrection de s'étendre librement, de construire de fortes barricades, de
choisir ses positions, mais on avait ensuite l'avantage, en
attaquant avec impétuosité et sans ménagement, avec des
forces écrasantes, de triompher définitivement de l'insurrection, qui ne pourrait plus mettre en bataille de
nouvelles forces. C'était, en outre, un moyen de déjouer le

nouveau plan que les défenseurs des barricades semblaient avoir adopté dans la soirée du 3 décembre.

M. de Morny dut vraisemblablement insister ainsi sur le caractère qu'on devait, suivant lui, donner à la répression, lorsqu'il disait dans l'une des dépêches au général Magnan :

« *Il n'y a qu'avec une abstention entière, en cernant un quartier et le prenant par la famine, ou en l'envahissant par la terreur, qu'on fera la guerre de ville.* »

Cette conférence nous montre évidemment combien la tactique adoptée par le peuple causait d'inquiétude en haut lieu, malgré les avantages qui modifiaient peu la situation.

Les chefs républicains crurent eux-mêmes que la victoire serait bientôt à eux. M. Xavier Durrieu (1), ancien constituant, partageait cette opinion.

« Sur mon honneur, a-t-il dit plus tard, je déclare que, de 7 heures à minuit, tout mon espoir m'était revenu. Je croyais presque la Révolution assurée. »

Les rassemblements ne se présentaient plus, en effet, au-devant des troupes, avec la même faiblesse que dans la matinée : on les voyait enfermer les troupes, les forcer souvent à reculer, par la crainte de se voir coupées, ouvrir les rangs pour laisser passer la charge ou la mitraille, les reformer ensuite, toujours menaçants et résolus, et assourdissant la troupe des cris mille fois répétés de : *Vive la République! Vive la Constitution!* Cette foule crédule accueillait avec une parfaite confiance les bruits les plus invraisemblables sur la révolte des départements, la marche des républicains des grandes villes sur Paris. Dans certains quartiers, on s'abordait mystérieusement en se disant :

« Neumayer, à la tête de la garnison de Metz, s'avance sur Paris. »

Un comité de résistance fonctionnait et rendait des décrets qu'il était assez difficile de porter à la connaissance du public.

---

(1) Un des premiers, il avait signé une protestation énergique qu'il avait remise à un ouvrier typographe pour tâcher de la faire imprimer. Il nous semble la voir encore ; il ne l'avait pas signée - il avait écrasé sa signature au bas.

Dans une réunion de représentants qui se tint chez un membre de la gauche, MM. Garnier-Pagès, Marie, Michel (de Bourges), Jules Bastide, Em. de Girardin et le prince Napoléon (le fils du prince Jérôme), on discuta les moyens de faire triompher la cause républicaine.

M. Em. de Girardin, qui défendit, comme toujours, le système utopique de la *résistance légale*, se prononça pour le refus de l'impôt et une sorte de grève générale, jusqu'à ce que le Président de la République reconnut lui-même l'impossibilité de gouverner dans ces conditions, il proposa même que les représentants laissés en liberté se constituassent prisonniers. Michel (de Bourges) combattit ce plan. Le temps se passa ainsi en discussions, et les membres présents ne furent unanimes que pour signer une proclamation au peuple, qui dépassait en énergie celles que nous avons déjà citées.

Dans une autre réunion qui eut lieu chez M. Marie, les représentants présents promirent de prendre tous part à l'insurrection, et se séparèrent dans l'espoir du succès pour le lendemain.

Il nous reste à parler, pour compléter le récit des événements du 3 décembre, des actes officiels du nouveau gouvernement. Un décret qui constitua un cabinet fut affiché dans la matinée du 3 décembre ; il était ainsi conçu :

## RÉPUBLIQUE FRANÇAISE.

AU NOM DU PEUPLE FRANÇAIS.

Le Président de la République décrète :
Sont nommés :
MM. DE MORNY, intérieur ;
  FOULD, finances ;
  ROUHER, justice ;
  MAGNE, travaux publics ;
  SAINT-ARNAUD, guerre ;
  TH. DUCOS, marine ;
  TURGOT, affaires étrangères ;
  LEFEBVRE-DURUFLÉ, agriculture et commerce ;
  FORTOUL, instruction publique et cultes.
Fait à l'Élysée-National, le 3 décembre 1851.

      LOUIS-NAPOLÉON BONAPARTE.

Pour répondre aux bruits inquiétants répandus parmi la population sur l'état de Lyon, le gouvernement avait fait afficher dans la soirée la dépêche suivante (1):

Lyon, 3 décembre 1851, sept heures du soir.

Monsieur le ministre,

J'ai l'honneur de vous envoyer copie de la proclamation que j'ai faite aux habitants du Rhône, par suite de la dépêche télégraphique que j'ai reçue le 3 décembre à une heure du matin.

Ces deux pièces, que j'ai fait afficher immédiatement dans tout le département, m'ont amené à recevoir de mes correspondances particulières l'assurance que l'acte énergique de M. le Président a été accueilli avec sympathie.

La ville de Lyon est calme, et toutes les mesures sont prises pour prévenir le moindre trouble.

Dans tous les cas, M. le commandant Castellane et moi sommes prêts à toutes les éventualités.

J'aurai l'honneur, monsieur le ministre, de vous tenir au courant de tout ce qui se passera dans mon département. Je suis avec respect, etc.

*Le Préfet du Rhône,*
De Vincent.

Il nous reste à parler enfin de la *commission consultative,* instituée par un décret du même jour, et qui était ainsi conçue :

## AU NOM DU PEUPLE FRANÇAIS.

Le Président de la République,

Voulant, jusqu'à la réorganisation du Corps législatif et du conseil d'État, s'entourer d'hommes qui jouissent à juste titre de l'estime et de la confiance du pays, a formé une Commission consultative de

MM. Abbatucci (du Loiret) ;
D'Argout, gouverneur de la Banque ;

(1) Pour être sincère, nous devons ajouter qu'en lisant cette dépêche, beaucoup de gens la crurent écrite de Paris ; le temps devait leur apprendre qu'il n'en était rien et qu'elle émanait bien du préfet du Rhône.

Le général Achard (Moselle) ;
Le général de Bar (Seine) ;
Le général Baraguey-d'Hilliers (Doubs) ;
Barbaroux (la Réunion) ;
Baroche (Charente-Inférieure) ;
Barthe, premier président de la cour des comptes ;
Ferdinand Barrot (Seine) ;
De Beaumont (Somme) ;
Benoit Champy (Côte-d'Or) ;
Berard (Lot-et-Garonne);
Bineau (Maine-et-Loire) ;
Boinvilliers (Seine) ;
J. Boulay (de la Meurthe) ;
De Cambacérès (Aisne) ;
De Casabianca (Corse) ;
L'amiral Cécile ;
Chadenet (Meuse) ;
Chassaigne-Goyon (Meuse) ;
Prosper de Chasseloup-Laubat ;
Charlemagne (Indre) ;
Collas·(Gironde) ;
Dariste (Basses-Pyrénées) ;
Denjoy (Gironde) ;
Desjobert (Seine-Inférieure) ;
Drouyn-de-l'Huys (Seine-et-Marne) ;
Théodore Ducos (Seine) ;
Dumas, de l'Institut ;
Maurice Duval ;
Le maréchal Excelmans, grand chancelier de la
    Légion d'honneur ;
Le général d'Hautpoul (Aude) ;
Léon Faucher (Marne) ;
Le général de Flahaut ;
Achille Fould (Seine) ;
H. Fortoul (Basses-Alpes) ;
Fremy (Yonne) ;
Gaslonde (Manche) ;
De Greslan (la Réunion) ;
F. de Lagrange (Gers) ;
Delagrange (Gironde) ;
Granier (Vaucluse) ;
Augustin Giraud.(d'Angers);
Charles Giraud, de l'institut ;
Godelle (Aisne) ;
De Goulard (Hautes-Pyrénées);
De Heeckeren (Haut-Rhin);

Lacaze (Hautes-Pyrénées) ;
Ladoucette (Moselle) ;
Lacrosse (Finistère) ;
De Lariboissière (Ille-et-Vilaine) ;
Lebeuf (Seine-et-Marne) ;
Lefebvre-Duruflé (Eure) ;
Lemarois (Manche) ;
Magne (Dordogne) ;
Meynard, président de chambre, à la Cour de cas-
    sation ;
De Merode (Nord) ;
De Montalembert (Doubs) ;
De Morny (Puy-de-Dôme) ;
De Mortemart (Seine-Inférieure) ;
De Mouchy (Oise) ;
De Moustier (Doubs) ;
L. Murat (Lot) ;
Le général d'Ornano (Indre-et-Loire) ;
Pepin-Lehaleur (Seine-et-Marne) ;
J. Perrier, régent de la Banque ;
De Persigny (Nord) ;
Le général Randon ;
Rouher (Puy-de-Dôme) ;
Le général de Saint-Arnaud ;
Ségur-d'Aguesseau (Hautes-Pyrénées) ,
Seydoux (Nord) ;
Suchet d'Albufera (Eure) ;
De Turgot ;
De Thorigny ;
Troplong, premier président de la Cour d'appel ;
Vieillard (Manche) ;
Vuillefroy ;
De Wagram.

*Le Président de la République,*
Louis-Napoléon Bonaparte.

*Le Ministre de l'Intérieur,*
De Morny.

La plupart de ceux dont les noms étaient portés sur
cette liste, n'avaient pas même été invités à accepter les
fonctions dont on les investissait. Aussi, un grand
nombre de protestations surgirent, le 3 décembre et les
jours suivants. Nous ne voulons en citer qu'une seule,
celle de M. Léon Faucher.

« Monsieur le Président,

« C'est avec un étonnement douloureux que je vois mon nom figurer parmi ceux des membres d'une commission consultative que vous venez d'instituer. Je ne pensais pas vous avoir donné le droit de me faire cette injure : les services que je vous ai rendus en croyant les rendre au pays m'autorisaient peut-être à attendre de vous une autre reconnaissance. Mon caractère, en tout cas, méritait plus de respect. Vous savez que, dans une carrière déjà longue, je n'ai pas plus démenti mes principes de liberté que mon dévouement à l'ordre. Je n'ai jamais participé ni directement ni indirectement à la violation des lois, et pour décliner le mandat que vous me conférez sans mon aveu, je n'ai qu'à me rappeler celui que j'ai reçu du peuple, que je conserve.

« Léon Faucher (1). »

M. Véron a exposé, en termes piquants, sous quelles impressions les protestations de ce genre se produisirent, et comment les rétractations se firent agréer, le lendemain de la victoire :

« Le nombre de ces dévoués et de ces courageux du lendemain grossit de jour en jour, dit-il, en raison des certitudes croissantes d'une complète victoire du prince Louis-Napoléon. Quelques-uns, après avoir sollicité la veille l'honneur d'être inscrits sur cette liste, écrivaient le lendemain au ministre pour que leur nom en fût rayé, puis demandaient qu'il y fût rétabli, suivant les nouvelles et les agitations de la journée (2).»

Ce précédent décret fut rectifié par le décret suivant, qui fut publié dans la matinée du 4 décembre :

---

(1) M. Léon Faucher était détesté dans le parti républicain; on le représentait comme voulant singer M. Guizot; l'annonce de sa protestation le fit considérer d'un autre œil; on prétendait même que n'ayant pu trouver aucun imprimeur pour la rendre publique, il l'avait écrite lui-même sur une pierre lithographique. Nous ne garantissons en rien l'authenticité de ce fait; mais nous le rapportons pour donner à nos lecteurs une idée des bruits qui courait dans Paris.

(2) *Mémoires d'un Bourgeois de Paris*, par le docteur L. Véron, tome VI, page 186.

Le président de la République,
Décrète :

Art. 1er. Sont nommés membres de la Commission consultative :

MM. Arrighi de Padoue (Corse) ;
Bonjean ;
De Caulaincourt (Calvados);
De Chazelles (Puy-de-Dôme) ;
Dabeaux (Haute-Garonne) ;
Eschasseriaux (Charente-Inférieure) ;
Paulin Gillon (Meuse) ;
Ernest de Girardin (Charente) ;
Goulhot de Saint-Germain (Manche ;
Husson (le général) (Aube) ;
Hély d'Oissel ;
Hermann ;
Lawœstine ;
Lebreton (le général) (Eure-et-Loir) ;
Lestiboudois (Nord) ;
Magnan (le général) ;
Maillard ;
Marchand ;
Maigne ;
De Maupas ;
Mimerel (Nord) ;
De la Moskowa ;
Paravey ;
De Parieu (Cantal) ;
F. Pascal (Bouches-du-Rhône) ;
Pérignon ;
De Rancé (Algérie) ;
Vast-Vimeux (le général) (Charente-Inférieure);
Vaïsse (Nord).

Art. 2. La commission consultative sera présidée par M. le Président de la République. Il sera remplacé, en cas d'absence, par M. Baroche, nommé vice-président.
Fait à l'Élysée-National, le 3 décembre 1851.

*Le Président de la République,*

*Signé :* LOUIS-NAPOLÉON BONAPARTE.

*Le Ministre de l'intérieur,*
*Signé :* DE MORNY.

## XII

JOURNÉE DU 4 DÉCEMBRE.

La nuit du 3 au 4 décembre ne fut marquée par aucun incident. Les ministres eurent ainsi un instant de répit pour faire sortir de Mazas les représentants détenus depuis la veille, et diriger sur le château de Ham ceux qui leur inspiraient le plus d'ombrage.

L'agitation se renouvela dans la matinée, un peu avant le jour. Il était aisé de voir que la population, loin d'avoir été découragée par la lutte de la veille, y avait puisé au contraire le sentiment de sa force, et que le mouvement promettait de grandir encore ; plus d'un visage rayonnait d'espérance. Cette fois le peuple et la bourgeoisie paraissaient unis dans la même pensée.

La foule continuait d'accepter, comme la veille, tous les bruits favorables à sa cause : *les départements du centre s'étaient levés ; des colonnes armées s'avançaient de Rouen ; la banlieue promettait d'agir ;* les proscrits arrivaient dans Paris ; le général Neumayer, l'ami de Changarnier, s'était prononcé, avec sa division militaire, contre le Président de la République, et s'était mis en marche avec ses troupes. Aucun de ces bruits ne devait se confirmer.

Les récits et les commentaires ne tarissaient pas davantage sur les sanglantes fusillades de la veille et les exécutions sommaires, conformément aux ordres du ministre de la guerre. L'imagination grossissait les faits : on crut même que le général Bedeau et le colonel Charras, que la préfecture de police avait l'ingénuité la veille de croire enfuis de Mazas, avaient été passés par les armes dans les fossés de Vincennes.

Ce qu'il y a de plus curieux, c'est que le préfet de police lui-même ajouta foi à une partie de ces bruits.

Pour prévenir les effets de ces nouvelles sur des masses dont la colère et la soif de vengeance auraient doublé l'énergie, le ministre de la guerre fit afficher un arrêté *qui assimilait les colporteurs de fausses nouvelles aux insurgés, les soumettait à l'arrestation comme complices et les livrait aux conseils de guerre.*

Toutes les troupes ayant été retirées pour être concentrées par masses, suivant le plan de M. de Morny, rien ne s'opposait à ce que la population, modifiant à son tour son système d'attaques partielles, s'établit fortement dans les quartiers les plus favorables à la lutte, et surtout au centre de Paris, entre les boulevards et les quais.

Les barricades s'élevèrent en grand nombre, dès neuf heures du matin ; les premières furent construites dans les rues Saint-Martin et du Temple, puis dans les rues Beaubourg, Transnonain, Volta, Phélippeaux, du Petit-Carreau, Montorgueil et Rambuteau ; les rues latérales des grandes voies étaient aussi disposées pour la défense.

L'une des plus fortes barricades était construite dans le carrefour que forment les rues Rambuteau-Saint-Denis et Rambuteau-Saint-Martin, à l'entrée de la rue Grenétat ; celle du boulevard, à l'entrée de la rue Saint-Denis était surtout formidable. Cinq ou six barricades obstruaient la rue du Petit-Carreau ; celles établies au coin des rues Bourbon-Villeneuve et du Cadran devaient opposer la plus forte résistance. Parmi les rues transversales, la rue des Jeûneurs et la rue Tiquetonne étaient les mieux fortifiées. Nous devons citer encore les barricades de la place du Conservatoire des arts et métiers, celle du cloître Saint-Méry, celle de la rue du Temple, à l'entrée des boulevards, et enfin, celles qui fermaient les innombrables ruelles qui entourent les Halles jusqu'auprès de l'hôtel de ville.

Ce n'étaient pas seulement les ouvriers, l'armée de l'émeute, suivant le langage de M. Granier de Cassagnac, qui prenaient part à ces préparatifs ; les historiens de cette révolution reconnaissent que *des gens fort bien mis, appartenant aux classes élevées,* travaillaient avec la même ardeur aux retranchements. Les représentants étaient au milieu d'eux, donnant lecture des proclamations, et animant la foule par leurs discours. Des femmes, cédant à l'enthousiasme, venaient serrer la main de ceux qui allaient répandre leur sang.

La rive gauche, fortement occupée par la troupe, ne prit qu'une médiocre part à l'action (1). Cependant quelques tentatives de barricades furent faites rue Saint-André-des-Arts, rue Dauphine, au carrefour de Buci et rue de la Harpe ; il y eut également des essais de barricades au faubourg Saint-Antoine, à Montmartre, à Batignolles, à la chapelle Saint-Denis et au haut du faubourg Poissonnière.

La mairie du V^e arrondissement, dans le faubourg Saint-Martin, fut occupée par un rassemblement considérable, sans rencontrer beaucoup de résistance. Le peuple y trouva trois cents fusils et des munitions. On rapporte que ce fut un tambour-major de la garde nationale qui indiqua le lieu où se trouvait ce dépôt d'armes. Une tentative du même genre contre la mairie du II^e arrondissement n'eut pas le même sort.

Les rassemblements se formèrent sur les boulevards, aussi nombreux, aussi ardents que la veille. Cette fois les ouvriers y étaient en nombre plus considérable ; il était évident qu'ils commençaient à entrer dans le mouvement. On distribuait dans les groupes les armes dont on disposait, et nous devons constater que la foule encourageait ces préparatifs Les *gants jaunes*, mêlés au peuple, se mirent bientôt, vers midi, à construire des barricades ; la première qui s'éleva sur ce point était établie près de la porte Saint-Denis ; une autre fut commencée devant le théâtre du Gymnase ; à défaut de pavés, la foule arrachait les bordures des trottoirs, renversait les colonnes vespasiennes, et allait chercher au loin des matériaux de construction.

Un comité de résistance formé d'un certain nombre de représentants s'était installé dans une maison des boulevards, pour surveiller le mouvement et le diriger.

Les rassemblements s'étendaient jusqu'au boulevard

_____

(1) Ce jour-là, vers deux heures, défila sur la place du Panthéon et de là dans la rue Soufflot, une centaine de pompiers avec tout l'appareil propre aux incendies. Ce qu'il y avait de curieux, c'est qu'ils marchaient au pas. Cette promenade ne pouvait avoir qu'un but, effrayer la population et faire croire qu'on redoutait que les insurgés missent le feu dans certains quartiers. Les passages de la rue de la Harpe et les différentes places étaient garnies de troupes.

des Italiens. Les patrouilles qui s'aventuraient dans cette direction, étaient aussitôt entourées et accueillies par des cris furieux.

Au coin de la rue Richelieu, un officier d'état-major fut renversé de cheval et ne parvint qu'à grand'peine à se dégager. Un autre eut la tête écrasée, à la hauteur du boulevard Montmartre, par une pierre jetée du haut d'une maison en construction. Deux officiers de ligne furent maltraités sur le boulevard Poissonnière. Un gendarme mobile, qui portait des ordres, eut le même sort.

Des groupes se répandirent dans les divers quartiers, et surtout dans ceux du centre, pour se faire délivrer des armes : les gardes nationaux livraient volontiers leurs fusils; ceux de la cinquième légion y mirent le plus d'empressement (1). Déjà même on inscrivait sur les devantures de boutiques, comme aux jours de 1848, la fameuse mention : *armes données.*

Ce fait avait une gravité qui n'échappa point au préfet de police, comme nous le voyons par la dépêche suivante, qu'il adressa à M. de Morny.

« Le jeudi 4 décembre 1851, 1 h. 15 m.

« Les nouvelles deviennent tout à fait graves. Les insurgés occupent les mairies, les boutiquiers leur livrent leurs armes. La mairie du Vᵉ est occupée par les insurgés ; ils se fortifient sur ce point. *Laisser grossir maintenant serait un acte de haute imprudence.* Voilà le moment de frapper un coup décisif. Il faut le bruit et l'effet du canon, et *il les faut tout de suite.* Ne laissons pas répandre le bruit qu'il y a de l'indécision dans le pouvoir : ce serait donner une force morale inutile à nos ennemis. »

(1) La cinquième légion, signalée pour avoir ainsi pactisé avec les républicains, fut dissoute quelques jours après, à la suite de la note suivante, que M. de Morny fit parvenir à M. Lawœstine, général en chef des gardes nationales de la Seine :

« Général,

« Dans plusieurs quartiers de Paris, quelques propriétaires ont eu l'impudeur de mettre sur leurs portes : *Armes données.* On concevrait qu'un garde national écrivît : *Armes arrachées de force,* afin de mettre à couvert sa responsabilité..... J'ai donné ordre au préfet de police de faire effacer ces inscriptions, etc.

« Signé DE MORNY. »

« Jeudi 4 décembre.

« Les barricades prennent de grosses proportions dans le quartier Saint-Denis. Des maisons sont déjà occupées par l'émeute. On tire des fenêtres. Les barricades vont jusqu'au deuxième étage. Nous n'avons encore rien eu d'aussi sérieux. »

Cet avis donna lieu à M. de Morny d'expédier les dépêches suivantes :

LE MINISTRE DE L'INTÉRIEUR AU GÉNÉRAL MAGNAN.

« Paris, 4 décembre 1851.

« Voici un avis du préfet de police, peut-être faux, car il s'alarme facilement. Néanmoins, si cela était, ce serait désastreux. Il faut occuper militairement, et faire coucher les troupes dans les maisons, et passer la nuit sans abandonner le quartier. C'est l'effet moral décisif; sans quoi, ce sera à recommencer tous les jours, et la troupe sera éreintée. Pardon, général, mais je rabâche; car j'ai foi seulement dans ce système, et j'ai à rassurer bien du monde contre les faux bruits qui circulent et me viennent surtout de la Préfecture.

« *Signé :* DE MORNY. »

LE MINISTRE DE L'INTÉRIEUR AU GÉNÉRAL MAGNAN.

« Paris, le 4 décembre 1851.

« Vous comprendrez que c'est un avis d'amitié que je vous donne.

« J'espère que quand l'affaire aura été faite et la bataille gagnée, vous ferez occuper militairement le quartier en logeant les soldats dans les maisons des angles des rues. Rien n'intimide les émeutiers comme cette mesure, et, avec deux pelotons, on garde toute une rue.

« C'est un avis que je me permets de vous donner, parce que les émeutiers fuient; puis, quand la troupe se replie, les émeutiers reviennent et croient avoir regagné le champ de bataille.

« Permettez-moi cette remarque et croyez à mon dévouement.

« *Signé :* DE MORNY. »

LE MINISTRE DE L'INTÉRIEUR AU GÉNÉRAL MAGNAN.

« Paris, le 4 décembre 1851.

« Le ministre de la guerre vient de nous communiquer votre rapport. Le conseil me charge de vous témoigner sa reconnaissance à la remarquable direction donnée aux troupes.

« Je vais, d'après votre rapport, faire fermer les clubs des boulevards. Frappez ferme de ce côté.

« Ci-joint une lettre de M. le gouverneur de la Banque. Voyez ce que vous pouvez en faire.

« *Signé :* DE MORNY. »

Le préfet de police n'était pas le seul que l'attitude du peuple plongeât dans une attitude indicible. M. de Morny avait lui-même beaucoup de peine à rassurer son entourage, si nous en croyons M. Véron, qui paraissait s'être installé au ministère de l'intérieur, où, en attendant le triomphe du coup d'État, il s'amusait, faute de mieux, à copier les dépêches échangées entre la Préfecture de police et le ministère de l'intérieur.

« Qu'on fasse retirer les troupes, disait M. de Morny, qu'on leur donne la soupe et du repos. Les soldats en armes dissipent, dit-on, les rassemblements, mais ils sont aussi la cause de rassemblements, et puis les groupes se rapprochent et se reforment derrière les troupes dès qu'elles sont passées.

« Toutes les révolutions se sont accomplies en trois jours : révolution de juillet, révolution de février.

« Et savez-vous pourquoi ? Le premier jour, les troupes se promènent; la nuit et le second jour, elles se fatiguent et se démoralisent aux cris de *Vive la ligne! Vivent nos frères!* le troisième jour, on leur fait subir d'indignes affronts. Que l'insurrection construise des barricades si elle veut; quand elles seront debout nos soldats les prendront; ils feront le siège des maisons d'où l'on tirera. La troupe, ainsi engagée, ne reculera pas et fera son devoir, croyez-le bien. »

« Aussi, le jeudi 4, au matin, M. de Morny, revenant d'une inspection dans Paris et trouvant son entourage pâle, effrayé à cette nouvelle que de nombreuses barricades s'étaient élevées dans Paris, dit à tous avec une chaleureuse gaieté : « Comment ! hier vous vouliez des barricades, on vous en fait, et vous n'êtes pas contents ?... »

Le général Magnan ne se laissait pas non plus alarmer par les nouvelles contradictoires qui lui arrivaient de toutes parts. Ainsi il écrivit plus tard, dans un rapport officiel qui parût au *Moniteur* :

« A midi, j'appris que les barricades devenaient formidables et que les insurgés s'y retranchaient ; mais j'avais décidé de n'attaquer qu'à deux heures, et, inébranlable dans ma résolution, je n'avançai pas le moment. quelques instances qu'on me fit pour cela. »

Un peu avant deux heures, le général en chef prévenait aussi le préfet de police de ces dispositions :

« Dans un instant vous allez entendre le canon. Les divisions Carrelet et Levasseur sont en opération d'un combat. J'ai voulu, pour commencer, que tout mon monde fut réuni et bien sous ma main. Il va l'être. Soyez tranquille, l'affaire sera vigoureusement menée et promptement terminée.

M. Belouino, qui rapporte ces mots ajoute : « C'est un lambeau déchiré aux proclamations, de nos grandes guerres ! C'est comme un écho du style napoléonien, on sent, en lisant ces lignes, à quelle école appartient le général Magnan. »

Que diable le général Magnan a-t-il bien pu faire à M. Belouino pour que celui-ci lui jetât un pareil pavé à la tête ?

Une proclamation, affichée depuis le matin dans Paris, prévenait les habitants de la rigueur de la répression ; elle portait :

‹ Habitants de Paris !

Comme nous, vous voulez l'ordre et la paix ; comme nous, vous êtes impatients d'en finir avec cette poignée de factieux qui lèvent depuis hier le drapeau de l'insurrection.

Partout notre courageuse et intrépide armée les a culbutés et vaincus. Le peuple est resté sourd à leurs provocations.

Il est des mesures néanmoins que la sûreté publique commande. L'état de siége est décrété.

Le moment est venu d'en appliquer les conséquences rigoureuses. Usant des pouvoirs qu'il nous donne,

Nous, préfet de police, arrêtons :

ART. 1er. — La circulation est interdite à toute voiture publique ou bourgeoise. Il n'y aura d'exception qu'en faveur de celles qui servent à l'alimentation de Paris et au transport des matériaux. — Les stationnements des piétons sur la voie publique et la formation des groupes seront, sans sommations, dispersés par la force. — Que les citoyens paisibles restent à leur logis.

Il y aurait péril sérieux à contrevenir aux dispositions arrêtées.

Paris, le 4 décembre 1851.

*Le Préfet de police.*

DE MAUPAS. »

Avant l'action, les soldats, suivant les recommandations de M. de Morny, avaient été parfaitement traités, les bidons étaient garnis. A midi toutes les dispositions de combat étaient prises.

Le mouvement des troupes commença un peu avant deux heures.

La division Carrelet déboucha de la Madeleine : la brigade du général de Bourgon, qui marchait en tête, devait prendre position entre les portes Saint-Denis et Saint-Martin ; les brigades des généraux de Cotte et Canrobert se massèrent sur le boulevard des Italiens. Plusieurs batteries de canons et d'obusiers appuyaient ces colonnes. Le général Reybell formait l'arrière-garde avec deux régiments de lanciers. La brigade du général Dulac, qui faisait également partie de cette division, prit position près de la pointe Saint-Eustache ; elle avait avec elle une batterie d'artillerie.

La division Levasseur qui devait opérer du côté des quais, comprenait la brigade Marulaz, venue de la place de la Bastille ; la brigade Courtigis, accourue de Vincennes, et la brigade Herbillon, qui occupait déjà l'hôtel de ville. Cette division devait attaquer d'abord l'entrée des rues du Temple, Saint-Martin et Saint-Denis ; la brigade Courtigis dût, avant de prendre position, renverser les barricades qui commençaient déjà à s'élever dans le faubourg Saint-Antoine.

La division du général Renault était disséminée sur la rive gauche; elle occupait l'Odéon, le Panthéon, le Luxembourg la place Saint-Sulpice et la place Maubert, de manière à maintenir les communications entre le faubourg Saint-Germain et le faubourg Saint-Marceau.

La préfecture de police et le palais de justice étaient confiés à la garde des troupes municipales.

Enfin, une division de grosse cavalerie, aux ordres du général Korte, stationnait aux Champs-Elysées.

Comme on le voit, les divisions Carrelet et Levasseur devaient opérer, en partant, l'une de la ligne des boulevards, et l'autre des quais, contre le centre de Paris un mouvement convergent, de manière à étreindre les républicains comme dans un étau. Ces masses réunies, comprenant plus de 30,000 hommes devaient infailliblement broyer tous les obstacles, sans avoir à craindre que l'insurrection écrasée sur un point fût en état de se reformer derrière elle.

Cependant il n'est pas douteux que si les républicains avaient tenu jusqu'à la nuit, la troupe, découragée par cette résistance, n'eût plus été en état de renouveler l'attaque avec la même vigueur. D'un autre côté, il suffisait aux républicains de tenir ainsi contre la principale armée qui les assaillait pour donner le temps à l'insurrection de s'étendre sur les points extrêmes de la capitale, et puiser un nouveau courage dans le succès même de sa résistance, et d'arriver à jeter aussi l'armée, enfermée ainsi dans un cercle de barricades, dans une complète démoralisation.

Les combattants républicains étaient-ils assez forts, assez bien armés et surtout assez nombreux pour prolonger ainsi la défense? car c'était là la condition du succès.

Deux cents hommes à peine défendaient la porte Saint-Denis; un pareil nombre occupait les rues voisines jusqu'au Conservatoire des arts et métiers; deux cent cinquante se tenaient dans le faubourg Saint-Martin; les barricades des rues transversales étaient gardées par des rassemblements de dix à vingt hommes armés. Les républicains avaient à peine 1,500 fusils à opposer aux 15,000 baïonnettes et à l'artillerie de la division Carrelet. A l'autre extrémité, entre la pointe Saint-Eustache et le quartier de l'Hôtel-de-Ville, il n'y avait guère plus de 500 combattants, qui devaient tenir tête aux trois brigades de la division Levasseur ; la barricade de la rue Rambuteau était seule en état d'opposer une énergique résistance sur ce point.

Parmi les citoyens dont l'attitude héroïque force l'admiration même de ceux qui eurent à les combattre, nous citerons Gaston Dussoubs, frère du représentant de ce nom, qui devait trouver la mort à la fin de la lutte, Luneau, ancien lieutenant de la garde républicaine, qui parut sur les barricades revêtu de son uniforme, Laurennes, ancien sous-officier d'artillerie, Favrel, Bourdon, Longepied, etc.

Des étudiants, des journalistes, des jeunes gens appartenant au commerce parisien, combattaient là à côté des artisans.

« Il avait semblé peu probable, fait observer M. Granier de Cassagnac, que le *communisme* dût attendre une telle diversion. »

Cet écrivain ajoute encore ailleurs : « Quand on a relevé les cadavres des émeutiers, qu'a-t-on trouvé en majorité ? *des malfaiteurs et des gants jaunes !* »

La liste des morts publiée, par les soins de la préfecture de police, nous montre en effet des négociants, des propriétaires, des avocats, mêlés aux prolétaires et tombés ensemble dans cette grande lutte (1).

A deux heures de l'après-midi, toutes les troupes s'avancèrent à la fois, la brigade Bourgon en tête. Les rassemblements s'ouvraient devant la troupe et refluaient sur les trottoirs ou dans les rues transversales, assaillant la troupe des cris de *vive la République ! vive la Constitution ! à bas les Prétoriens !*

La brigade Bourgon fut arrêtée un instant par la barricade élevée près du Gymnase, et qui n'était formée que de quelques voitures renversées. L'artillerie répondit à la fusillade des républicains ; mais comme il n'y avait là qu'une vingtaine de citoyens, les 33e et 58e de ligne lancés à la

---

(1) Voir cette liste à la fin de notre livre ; nous l'avons copiée dans un ouvrage publié à Bruxelles, et dans le livre de M. Eugène Ténot, *Paris en décembre*, 1851.

baïonnette contre cet obstacle, eurent bientôt dispersés les combattants. Elles arrivèrent bientôt, fusillant de droite et de gauche, jusqu'à la hauteur de la rue Saint-Denis.

La brigade de Cotte, qui suivait la brigade Bourgon, laissa celle-ci s'engager jusqu'à l'entrée de la rue du Temple, et s'arrêta elle-même devant la grande barricade de la rue Saint-Denis.

Le 72e de ligne donna le premier; refoulé par une vive fusillade, il se replia pour laisser donner l'artillerie. Pendant plus d'une heure, quatre pièces de canons, envoyèrent sur les barricades plusieurs volées d'obus et de boulets qui ne ménageaient pas toujours les maisons voisines. Quand la barricade parut entamée, le 72e chargea à la baïonnette. Les républicains attendirent que les assaillants furent seulement à quelques pas pour décharger leurs armes. Un colonel, un lieutenant-colonel, trois officiers et une trentaine de soldats tombèrent morts ou blessés dans cette attaque. La retraite du 72e fut saluée d'une immense acclamation de *vive la République !* A ce moment, le général de Cotte eut un cheval tué sous lui. Ce combat avait coûté aux républicains des pertes sensibles, en raison de leur petit nombre. Cependant l'attaque ne fût pas renouvelée, et les républicains n'abandonnèrent leur position que deux heures plus tard, dans la crainte d'être pris entre deux feux.

En effet, les barricades de la rue du Petit-Carreau et des rues adjacentes n'avaient pu tenir contre le 15e léger. Une trentaine de républicains avaient seuls résisté vigoureusement dans la rue des Jeûneurs.

Le général Canrobert prit position avec sa brigade à la porte Saint-Martin. Le 5e bataillon de chasseurs à pied, sous les ordres du commandant Levassor-Sorval, enleva à la baïonnette les premières barricades qui étaient peu fortifiées. Un combat acharné s'engagea devant la barricade de la rue des Vinaigriers, qui était commandée par l'ancien lieutenant de la garde républicaine Luneau. Debout sur la barricade, l'épée d'une main et un pistolet dans l'autre, il ne craignait pas de s'exposer ainsi aux redoutables carabines des chasseurs de Vincennes, pendant qu'il donnait des ordres.

L'obstacle ne fut emporté que quand la ligne eut tourné

la barricade en s'engageant dans les rues voisines.

Les chasseurs eurent vingt-deux hommes tués ou blessés dans cet engagement partiel ; la perte des républicains fut plus cruelle : un certain nombre furent fusillés dans la mairie du 5ᵉ arrondissement, quoiqu'ils eussent jeté leurs armes.

La brigade du général Bourgon, qui s'était engagée dans la rue du Temple, comme nous l'avons dit plus haut, contraignit, par un feu effroyable, les républicains peu nombreux qui défendaient ce point à abandonner leur barricade : le général Bourgon devait opérer sa jonction avec les colonnes de la brigade Herbillon, partie de l'hôtel de ville. Il n'y eut de résistance sérieuse que dans la rue Phélipeaux. Vingt jeunes gens réussirent, pendant près de trois quarts d'heure, à arrêter les efforts d'un régiment de ligne, et essuyèrent sans broncher le feu violent d'une batterie d'artillerie. Si nous en croyons le *Constitutionnel*, le combat ne cessa que quand ils eurent tous succombé.

La fameuse barricade de la rue Rambuteau fut attaquée par le général Dulac, qui, parti de la Pointe Saint-Eustache, lança en avant trois bataillons du 51ᵉ de ligne, commandés par le colonel de Courmel, un bataillon du 19ᵉ de ligne, un du 43ᵉ, et une batterie d'artillerie.

La résistance fut terrible ; pendant près d'une heure et demie, le canon et la fusillade tonnèrent sans discontinuer.

« Il y avait là, dit M. Belouino, parmi les insurgés, d'anciens satellites de Caussidière, faisant admirablement le coup de feu ; mais il y avait aussi de pauvres jeunes gens inexpérimentés dans le métier des armes ; l'un d'eux, enfant de quinze ans, ne savait comment épauler son fusil (1). »

M. Belouino nous apprend aussi qu'un jeune artiste d'avenir, qui jouait là sa vie à découvert, tomba frappé en pleine poitrine.

La barricade fut enlevée à la baïonnette, lorsque l'artillerie n'en eût fait qu'un monceau de débris informes.

A la suite de la prise de la barricade, la troupe campa

(1) M. Bélouino, *Hist. d'un coup d'Etat*, p. 201.

sur ce point; les maisons des quatre angles des rues du Temple et Rambuteau furent occupées par une compagnie de grenadiers du 43e de ligne; à chaque croisée se tenait un soldat prêt à faire feu.

M. Mauduit, l'historien militaire du 2 décembre, constate, dans son livre, que les figures des habitants du quartier étaient mornes.

Quelques républicains, échappés à la mitraille, qui avait fait des quartiers situés entre le boulevard et les quais d'immenses fournaises, parvinrent à se rallier sur la place des Victoires, et à se barricader dans l'espace compris entre cette place, les rues du Mail, Pagevin et des Fossés-Montmartre. Le 19e de ligne, commandé par le colonel Comant, se porta rapidement sur ce quartier, et en chassa les républicains, avant qu'ils n'eussent eu le temps d'élever des barricades capables de résister. Une tentative du même genre, qui fut tentée rue Saint-Honoré et rue des Poulies, n'eût pas plus de succès.

La partie était évidemment perdue pour les républicains, et les dernières barricades venaient d'être enlevées, quand une centaine d'hommes, qui venaient d'être informés de la fusillade qui venait d'avoir lieu sur les boulevards, se persuadèrent que la population de Paris, brûlant d'en tirer vengeance, se réunirait bientôt à eux, s'ils pouvaient tenir sur un seul point; ils avaient juré d'ailleurs de mourir les armes à la main pour ne pas survivre à la ruine de la République.

Ces derniers défenseurs de la République se concentrent dans la rue Montorgueil, relèvent en peu d'instants les barricades, et se préparent à une lutte suprême.

M. Gaston Dussoubs, frère du représentant de la Haute-Vienne, est à leur tête; son frère, retenu au lit par une maladie qui menace sa vie, n'a pu le suivre; mais Gaston Dussoubs lui a pris son écharpe, et c'est autour de ce signe de liberté que ses compagnons se rallient. Echappé à la fusillade du faubourg Saint-Martin, il s'est porté sur le seul point où il avait encore espoir de trouver une mort héroïque.

Le 51e de ligne, commandé par le colonel de Courmel, envoie un bataillon contre les nouvelles barricades. Les premiers obstacles sont mal défendus : une poignée de républicains qui les couvraient sont obligés de fuir dans les maisons qui s'ouvrent pour les recevoir ; quelques-uns, moins heureux, sont passés par les armes.

« Un des insurgés, raconte M. Belouino, s'était réfugié dans un cabinet qui donnait sur les toits ; entendant monter un soldat, il passe par une lucarne et s'accroche au zinc, qui cède et se détache ; il tombe dans la rue, où il se brise. »

Après avoir fouillé le passage du Saumon, le 2ᵉ bataillon s'arrête devant la principale barricade, rue du Petit-Carreau. Gaston Dussoubs, debout sur la barricade, seul, sans armes, interpelle en ces termes, d'une voix qui retentit au loin, la troupe, qui n'est plus qu'à quelques pas de la barricade :

« Vous ne tirerez pas sur nous qui sommes des prolétaires comme vous. D'ailleurs la Constitution est violée !

« Malheureux soldats ! dit-il, vous devez être désespérés de ce qu'on vous a fait faire ; venez à nous ! »

L'accent désespéré qu'il y avait dans cette voix vibrante, dut émouvoir le commandant et ses soldats.

« Retirez-vous, » fit le commandant, après un instant d'hésitation.

Dussoubs veut encore haranguer les soldats, et pousse un dernier cri de : *Vive la République !*

On rapporte que quelques soldats firent feu, sans attendre le commandement. Gaston Dussoubs tomba frappé de deux balles à la tête.

Trois barricades furent franchies en un instant ; mais, à la quatrième, une horrible lutte s'engagea corps à corps. Le résultat ne pouvait en être douteux.

« C'est à ces barricades, dit encore M. Belouino, dernier refuge de l'insurrection, qu'on a trouvé parmi les morts le plus grand nombre d'hommes bien vêtus. »

L'un des républicains échappé à ce combat ne reçut pas moins de onze blessures. M. Voisin, conseiller général de la Haute-Vienne, qui fut fusillé à bout portant et laissé pour mort, en reçut quinze, et fut néanmoins sauvé par une bonne femme, qui alla le chercher parmi les morts. A peine convalescent, ce citoyen fut tiré de l'hospice Dubois pour être enfermé au fort d'Ivry, et plus tard déporté en Afrique.

17

Nul ne saurait dire quel fut le nombre des combattants qui tombèrent fusillés après l'action. Nous nous contenterons de citer ce passage de M. Mauduit :

« Le 4, dit-il, à neuf heures du soir, une colonne du 51ᵉ enlève, non sans pertes, toutes les barricades que l'on venait de reconstruire dans les rues Montorgueil et du Petit-Carreau. Des fouilles sont aussitôt ordonnées chez les marchands de vin ; une centaine de prisonniers y sont faits, ayant la plupart les mains encore noires de poudre, preuve évidente de leur participation au combat. Comment alors ne pas appliquer à bon nombre d'entre eux les terribles prescriptions de l'état de siége ! »

Ces dernières lignes font frémir ; on se refuse à croire, pour l'honneur de l'armée française, à une semblable exécution après la bataille.

Pendant que le succès de l'armée s'affirmait sur la rive droite, le préfet de police craignait de se voir enlevé :

LE PRÉFET DE POLICE AU MINISTRE DE L'INTÉRIEUR.

« Jeudi 4 décembre.

« Barricades rue Dauphine ; je suis cerné. Prévenez le général Sauboul. Je suis sans forces ; c'est à n'y rien comprendre. »

Le ministre ne répond pas ; nouvelle dépêche du préfet. Cette fois, il s'agit de défections et de l'enrôlement du comte de Chambord dans le 12ᵉ dragons :

LE PRÉFET DE POLICE AU MINISTRE DE L'INTÉRIEUR.

« Jeudi 4 décembre.

« On dit que le 12ᵉ de dragons arrive de Saint-Germain avec le comte de Chambord dans ses rangs comme soldat.
« J'y crois peu. »

RÉPONSE DE M. DE MORNY.

« Et moi je n'y crois pas. »

Cette réponse de M. de Morny fait prendre patience au préfet, mais bientôt nouvelle dépêche :

LE PRÉFET DE POLICE AU MINISTRE DE L'INTÉRIEUR.

« Jeudi 4 décembre.

« Rassemblements sur le Pont-Neuf ; coups de fusil au quai aux Fleurs ; masses compactes aux environs de la Préfecture de police. On tire par une grille. Que faire ? »

### RÉPONSE DE M. DE MORNY.

« Répondez en tirant par votre grille. »

Cet avis paraît être goûté par le préfet, mais au moment d'agir sur des insurgés imaginaires, il s'aperçoit qu'il n'a pas de canons ; nouvelle dépêche à M. de Morny qui ne juge pas à propos de répondre, ou bien M. Véron oublie de copier la réponse.

LE PRÉFET DE POLICE AU MINISTRE DE L'INTÉRIEUR.

« Jeudi 4 décembre.

« Mon devoir exige qu'on me rende mes canons et bataillons. Est-ce le général Magnan qui refuse de les rendre ? »

Enfin le préfet apprend que l'insurrection est vaincue rue Saint-Martin, il profite de l'avis qu'il en donne au ministre pour lui rappeler qu'il a peu de force à sa disposition :

LE PRÉFET DE POLICE AU MINISTRE DE L'INTÉRIEUR.

« Jeudi 4 décembre.

« Je suis rassuré pour le quart d'heure ; l'émeute de la rue Saint-Martin est écrasée ; mais je ne le suis pas pour la Préfecture de police, sur laquelle se replieront les insurgés après la défaite. »

## XIII.

### LES BOULEVARDS.

De tous les événements de la journée du 4 décembre, aucun n'a laissé une impression plus sinistre ni plus profonde que celui dont les boulevards furent témoins, vers trois heures de l'après-midi, depuis la hauteur de la rue de la Chaussée-d'Antin jusqu'au boulevard Poissonnière.

Les journaux et les écrivains du temps ont cru devoir jeter un voile sur ces faits épouvantables, qui ajoutent aux horreurs de la guerre civile des traits jusqu'alors inconnus. L'historien qui essaye de soulever ce voile, se trouve en présence de récits contradictoires; mais aujourd'hui que la passion se tait et que de grandes douleurs commencent à se cicatriser, on peut enfin essayer de démêler la vérité, au milieu des exagérations produites par les parties hostiles, et malgré le silence qu'on a fait, pendant de longues années, sur cette sanglante catastrophe.

Pendant le défilé des brigades Bourgon et Cotte, les curieux n'avaient point cessé, comme nous l'avons déjà dit, de se tenir sur les trottoirs et dans les rues adjacentes; d'autres encombraient les fenêtres et les balcons. Sans doute, de formidables cris assourdissaient la troupe; jusqu'à la hauteur du Gymnase, aucun acte hostile, point de traces de barricades. Les rires moqueurs de la multitude, les lazzis adressés aux soldats, et auxquels ils n'avaient répondu que par des regards irrités, peuvent expliquer la colère qui s'empara tout à coup de cette troupe. A l'angle du faubourg Montmartre, une fausse manœuvre des conducteurs d'artillerie avait fait briser un avant-train. Une explosion de rire avait accueilli cette maladresse.

« Vous voyez bien qu'ils sont soûls! s'écria un ouvrier. »

Sans aller jusqu'à admettre cette appréciation, on peut dire que la troupe, qui s'attendait à rencontrer la plus terrible résistance, avait perdu tout sang-froid ; les soldats croyaient voir autant d'ennemis prêts à faire feu dans ces hommes et ces femmes inoffensifs, qui ne savaient combattre qu'avec cette arme éminemment française et surtout parisienne, l'ironie !

Il suffisait d'une étincelle pour faire de cette crainte une idée fixe, et pour amener ces hommes à des actes que le courage réfléchi ne leur eût peut-être pas inspiré, en présence d'une résistance réelle.

Les premiers coups de feu que la tête de colonne essuya, en face de la barricade du théâtre du Gymnase, firent croire au reste de la troupe, qui se prolongeait en une seule colonne jusqu'au boulevard de la Madeleine, que les visages qui s'offraient à eux étaient ceux de leurs ennemis, et qu'un signal venait d'être donné pour les foudroyer entre les lignes des maisons. Une sorte de panique s'empara aussitôt de cette troupe, qui cribla immédiatement les fenêtres de balles, sur toute l'étendue des boulevards.

Les rassemblements se dispersent en un clin-d'œil, sous une pluie de balles ; pendant plus d'un quart d'heure, les feux de peloton se succèdent sans interruption, tordant sous un ouragan de feu et de plomb les fenêtres, les enseignes et les devantures de boutiques.

« Les soldats du général de Cotte, dit M. Mauduit, électrisés par la fusillade qui les entoure, ouvrent aussi le feu, mais à l'aventure, et le continuent pendant huit ou dix minutes, malgré les efforts du général et de ses aides de camp pour arrêter une consommation aussi inutile de munitions, et qui ne pouvait faire que des victimes innocentes. »

Il est établi, en effet, que plusieurs officiers firent des efforts inouïs pour arrêter cette boucherie insensée. Dans la rue de la Chaussée-d'Antin, un rentier, qui s'était éloigné d'un rassemblement et qui avait cherché un abri dans l'enfoncement d'une porte cochère, tomba percé de dix-huit balles. Les blessés essayaient de se relever, pour retomber à quelques pas de là, sous une grêle de balles. Un grand nombre de personnes paisibles furent

frappées dans leurs appartements par des balles qui
ricochaient. Les cadavres jonchaient la chaussée des
boulevards, depuis l'établissement de Tortoni jusqu'à la
porte Saint-Denis.

Bien que les boulevards eussent été ainsi balayés, des
coups de feu isolés continuaient encore à retentir après
l'événement. Le calme ne se rétablit que lorsque l'infanterie se fut engagée dans les rues barricadées, et qu'elle
fut remplacée sur les boulevards par les lanciers du général Reybell et la gendarmerie mobile.

Ici encore, laissons parler M. Mauduit :

« Vous ne pouvez traverser le boulevard, lui disait,
plusieurs heures après, un ancien officier, son camarade
de régiment, sans vous exposer à des coups de pistolet
ou de lance de la part des vedettes, placées à chaque
angle des rues ; les boulevards sont jonchés de cadavres. »

Un autre lui disait de même à voix basse :

« N'allez pas sur les boulevards, on tire sur tout ce
qui traverse. »

Disons un mot de ce qui se passa devant la maison
de MM. Sallandrouze et Billecocq, marchand de châles,
boulevard Poissonnière, ainsi que dans la boutique d'un
libraire, M. Lefilleul. Ce n'était pas assez de la fusillade,
on dirigea même le feu de l'artillerie sur la maison de
M. Sallandrouze ; la façade fut criblée de balles et trouée
par les boulets. On a prétendu qu'un coup de feu aurait
été tiré par un commis de l'hôtel Lannes. Mais ce fait
fut formellement démenti, même par des personnes
qu'on savait n'être point hostiles au coup d'État.

La *Patrie* et le *Constitutionnel* donnèrent le récit suivant :

« Sur les boulevards Montmartre et Bonne-Nouvelle,
des coups de feu ont été également tirés sur les soldats
du 72e de ligne, de plusieurs maisons, et en particulier
d'une maison faisant face au Cercle de l'Union, et du
Cercle des Étrangers, de la maison Tolbeque, de l'hôtel
Lannes, où sont les magasins de tapis de M. Sallandrouze, et de deux autres maisons voisines.

« Le colonel et le lieutenant-colonel de ce régiment
ont été dangereusement blessés, et un capitaine-adjudant
a été tué : quelques soldats ont été blessés.

« Un feu de tirailleurs, appuyé d'un obusier, a été instantanément dirigé contre les maisons d'où était parti le feu. Les fenêtres, les façades ont été en partie détruites (1). Puis des détachements sont entrés dans l'intérieur, et ont passé par les armes tous les individus qui s'y trouvaient cachés. Six individus en blouses, qu'on a découverts derrière des tapis qu'ils avaient amoncelés pour éviter les balles de la troupe et tirer sur elle sans danger, ont été fusillés sur l'escalier de l'hôtel Lannes, aujourd'hui dépôt des tapis de la fabrique Sallandrouze.

« Plusieurs scènes de même nature se sont passées aux environs du théâtre des Variétés, et la troupe a fait justice de ses assassins. »

L'attaque dont le libraire, M. Lefilleul, fut victime, se trouve ainsi racontée dans le *Moniteur :*

« Un libraire, M. Lefilleul, établi depuis plusieurs années sur le boulevard Poissonnière, était occupé à fermer son magasin peu avant le drame du 4 décembre, quand un coup de pistolet tiré par un commis du voisinage sur un clairon de la ligne vint dissiper la foule qui se pressait à ses côtés et laissa passage libre à l'insurgé pour entrer dans la boutique. Celui-ci était suivi de près par le clairon, qui parvint à l'étendre mort derrière un comptoir, mais qui tomba lui-même sur le cadavre. D'autres soldats, venus au secours du clairon, blessent au bas-ventre le malheureux libraire, qui n'a rien vu et qu'on prend pour un adversaire. Une lutte terrible s'engage entre M. Lefilleul et un capitaine. Le premier est deux fois encore blessé à la cuisse et au bras, mais le second tombe mort sous les coups des soldats qui cherchent à le défendre.

« M. Lefilleul, qui, malgré ses blessures, conserve encore ses forces et son sang-froid, profite de ce terrible moment pour se dégager, et sort du magasin en y laissant trois cadavres. On espère sauver la vie de M. Lefilleul,

---

(1) Il a fallu un véritable miracle d'équilibre pour que la façade de la maison Sallandrouze ne s'écroulât pas, les pièces avaient été pointées sur les entrecroisées de l'entresol, un seul pilier avait échappé aux boulets ; le lendemain matin, des maçons arrivèrent pour étayer l'entresol qui menaçait ruine.

honnête commerçant, tout à fait étranger aux passions politiques. »

Pour compléter cet horrible tableau, nous empruntons encore à M. Mauduit une description de l'aspect qu'offraient les boulevards le lendemain matin.

« À l'entrée du faubourg Poissonnière, le boulevard offrait l'image du plus affreux désordre : toutes les maisons étaient criblées de balles, tous les carreaux brisés, toutes les colonnes vespasiennes démolies et leurs débris de briques répandus çà et là sur la chaussée ; des avant-trains d'artillerie brisés brûlaient encore à un feu de bivac qui, en ce moment, achevait de dévorer une roue.

« Me voici sur le boulevard, que je remonte dans la direction de la Madeleine ; presque toutes les maisons du boulevard Bonne-Nouvelle, et particulièrement celles des angles des rues Poissonnière et Mazagran, sont criblées de balles (1), et peu de carreaux ont échappé à l'ouragan. Sur le boulevard Poissonnière, l'on voit encore sur les marches du grand dépôt d'Aubusson, une mare de sang que l'on eût dû faire disparaître en enlevant les vingt-cinq ou trente cadavres que l'on y avait rangés et laissés exposés, pendant vingt-quatre heures, aux regards d'un public consterné. Un coup de fusil, parti de ce vaste établissement, sur la tête de la colonne du général Canrobert, a causé ces malheurs. Des maçons sont occupés à réparer les brèches faites à la façade de ce bel hôtel par la mitraille et les boulets (2). »

On chercherait vainement dans le rapport officiel du général Magnan quelques renseignements sur l'incident des boulevards ; il est, en effet, d'un laconisme, qui ne laisse pas d'impressionner désagréablement.

« Les rassemblements, dit-il, qui ont voulu essayer de se reformer sur les boulevards, ont été chargés par la cavalerie du général Reybell, qui a essuyé, à la hauteur de la rue Montmartre, une assez vive fusillade. »

Le récit de M. Granier de Cassagnac, bien qu'il énonce

(1) Les balles des soldats allèrent frapper les personnes les plus inoffensives. Au moment où la fusillade s'ouvrait, une dame passe dans une chambre de devant pour aller prendre son mouchoir, oublié sur un meuble ; une balle perdue l'atteint, elle tombe morte.

(2) M. Mauduit, *Révolution milit. du 2 Décembre.*

des faits controuvés, contient du moins une appréciation
dont nous apprécions la franchise :

« Un incident remarquable avait signalé le passage
de ces troupes sur le boulevard intérieur. Au moment où
la brigade Reybell venait d'atteindre, sans coup férir, le
boulevard Montmartre, des coups de fusil, tirés par des
mains gantées partirent de diverses maisons. Elle s'arrêta un instant, et, aidée des tirailleurs d'infanterie de la
brigade Canrobert, qui firent un feu terrible sur les fenêtres, elle ouvrit les portes des maisons ennemies à
coups de canon. La leçon fut courte, mais sévère ; et, dès
ce moment, le boulevard élégant se le tint pour dit (1). »

Nous avons précédemment rendu hommage à l'impartialité de M. Mauduit. Aussi nous lui emprunterons sur
la scène des boulevards un récit dont les erreurs certainement involontaires se réfutent d'elles-mêmes, et qui
établit une fois de plus le sentiment sous l'impression duquel l'armée a agi dans cette circonstance.

« ... Je repris à la porte Saint-Martin, la ligne des
boulevards que je suivis cette fois jusqu'à la Madeleine.
La population habituelle de ce séjour de la flânerie con-
servera longtemps le souvenir des charges du 1er de lanciers, et saura que s'il y a du courage à se battre sur une
barricade, l'on ne tire pas toujours impunément du fond
d'un salon brillant, et même masqué par la poitrine d'une
jolie femme, contre une troupe armée uniquement de
lances et de pistolets. Plus d'un brave de cette espèce
ont payé cher leurs injures et leurs fusillades à la Jar-
nac ;.., plus d'une amazone du boulevard a payé cher
également son imprudente complicité à ce nouveau genre
de barricades... Puissent-elles en profiter pour l'avenir !...

« A la hauteur de la rue Taitbout, il (M. de Rochefort,
colonel du 1er de lanciers) aperçut un rassemblement
considérable tant à l'entrée de la rue que sur l'asphalte
près Tortoni ; ces hommes étaient tous bien vêtus. Plusieurs étaient armés. A sa vue retentit le cri de guerre
adopté depuis deux jours : *Vive la République! vive la
Constitution! à bas le dictateur!* A ce dernier cri, aussi

(1) Granier de Cassagnac, *Hist. de la présid.*, etc., p. 428 et 429.

rapide que l'éclair, d'un seul bond, le colonel de Rochefort franchit les chaises et l'asphalte, tombe au milieu du groupe et fait aussitôt le vide autour de lui. Les lanciers se précipitent à sa suite ; un de ses adjudants abat, à coups de sabre, deux individus... En un clin-d'œil le rassemblement fut dispersé. Tous s'enfuirent précipitamment en laissant bon nombre d'entre eux sur la place. Le colonel continua sa marche en dispersant tout ce qu'il rencontrait devant lui, et une trentaine de cadavres restèrent sur le carreau, presque tous couverts d'habits fins (1).

Nous ne mentionnerons que pour mémoire les récits évidemment mensongers du *Constitutionnel* et de la *Patrie : les lanciers blessés par les coups de feu partis des fenêtres*, la saisie de fusils dont la culasse était encore chaude, etc., etc.; des démentis qui furent bientôt infligés à ces journaux furent la punition la mieux méritée.

La scène des boulevards faillit avoir son pendant sur les quais, du pont Notre-Dame au Châtelet ; les mêmes causes amenèrent les mêmes résultats. Laissons encore la parole à M. Mauduit :

« La gauche de la colonne du général Marulaz touchait encore au pont d'Arcole, lorsque partirent *des croisées* du quai Lepelletier plusieurs coups maladroits contre le 44e et la ligne de tirailleurs que le commandant Larochette avait placés en avant de l'hôtel de ville pour en protéger les abords (2).

« Toute la place, ainsi que les quais Lepelletier et de Gèvre, jusqu'au Châtelet, furent à l'instant en feu ; et de l'extrémité du pont Louis-Philippe, je crus, pendant plus

(1) Voici le récit qui nous a été fait à l'époque par des gens habitant la maison qui formait le coin de la rue Planche-Mibray et du quai Lepelletier ; cette maison se trouvait à droite, en venant du pont Notre-Dame ; des gardes républicains avaient été placés dans cette maison. Ces hommes avaient bu, et, à un moment, tirèrent par les fenêtres ; sur qui ? pour quoi ? C'est ce que nous ignorons. Aussitôt une panique s'empare de la troupe, et un feu roulant s'ouvre. Le fils d'une blanchisseuse, nommé Henri, âgé de vingt ans, et qui habitait la maison que nous venons de citer, se trouvait en ce moment sur le quai. Il veut se réfugier chez sa mère ; il sonne, mais le portier, effrayé, refuse d'ouvrir, et l'infortuné est tué en se cramponnant à la grille de sa porte.

(2) Mauduit, *Révolution milit.*, p. 217 et suiv.

d'un quart d'heure, je crus, en vérité, assister à un combat des plus sérieux. Plus de vingt mille cartouches furent brûlées, des milliers de carreaux brisés, mais seulement quelques hommes tués ou blessés dans les deux camps; les socialistes n'ayant exécuté leur attaque qu'avec des forces disséminées dans les maisons, et trop insuffisantes pour tenter un hourra sur l'hôtel de ville (1). »

Nous ajouterons enfin, d'après des renseignements personnels, qu'un régiment de la brigade Marulaz accabla de décharges une maison du faubourg Saint-Antoine, nᵒ 36, entièrement occupée par un marchand de meubles, renfermé là avec sa femme et ses enfants.

Aucune provocation ne pouvait être alléguée; mais les soldats disaient hautement qu'ils se souvenaient d'avoir essuyé, en juin 1848, une vive fusillade des fenêtres de cette maison : les fenêtres furent emportées et les meubles saccagés.

Les journaux du temps ont peu insisté sur les fusillades isolées qui suivirent l'assaut des barricades. Quelques-uns enregistraient cependant ces exécutions sommaires comme une chose très-simple et facile à justifier. Ainsi M. Mauduit dit :

« Il n'y eut rien de sérieux dans la cité; tout s'y borna à un émeutier tué et à trois individus arrêtés, porteurs d'armes, de munitions, de proclamations ou de fausses nouvelles, et qui furent passés par les armes et lancés dans la rivière. »

« Un individu porteur d'armes sous sa blouse ayant été arrêté au moment où il voulait forcer la consigne, *fut fusillé* à l'entrée du Pont-Neuf, et son corps jeté dans la Seine, etc. Il a survécu à sa blessure et a osé protester de son innocence en disant que sa carabine était hors de service, tandis qu'elle était chargée. »

Le *Moniteur parisien* raconte les applications suivantes de l'arrêté du ministre de la guerre :

« Un ancien gardien de Paris, reconnu comme ayant fait partie de la bande des montagnards de Sobrier et de Caussidière (en 1848), passait aujourd'hui, vers deux heures après-midi sur le pont Saint-Michel, et menaçait

(1) Mauduit, *Révolution milit.*, p. 242.

les gardes républicains qui étaient en sentinelle. Arrêté et conduit à la Préfecture de police, on a trouvé sur lui des munitions de guerre et deux poignards. Comme il opposait une vive résistance aux gardes qui le conduisaient, persistant dans ses menaces et proférant des cris de mort contre les agents de l'autorité, le chef du poste l'a fait fusiller par deux de ses soldats de la rue de Jérusalem. Il avait une blessure au bras droit, et ses mains étaient toutes noircies par la poudre des barricades (1). »

« Une femme du peuple portant vingt-cinq poignards a été arrêtée, ce soir, et fusillée par les soldats du 36ᵉ de ligne......... »

Nous ne nous sentons pas le courage de continuer cette lugubre nomenclature ; non pas que des faits semblables manquent ; ouvrez Mayer, Belouino, Granier de Cassagnac, Mauduit, Ténot même qui, quoique arrivant un des derniers à recueillir quelques faits particuliers, n'en est pas moins précieux à consulter ; lisez les journaux du temps et vous y verrez à chaque instant la mise à exécution du funèbre arrêté du ministre de la guerre.

On ne saurait préciser exactement les chiffres des pertes du peuple et de l'armée dans les fatales journées du 2, 3 et 4 décembre 1851.

Le rapport de la Préfecture de police établi par M. Trébuchet contient 150 noms de personnes connues (2). Le *Moniteur* évalue les pertes des républicains à 380 morts, non compris les blessés, dont il serait impossible de fixer le nombre. Des monceaux de cadavres avaient été entassés devant les barreaux de la cité Bergère,

---

(1) Le hasard nous amena, quelques instants après la mort de ce malheureux, rue de Jérusalem, et voici ce qui nous fut raconté : cet homme, en arrivant, eut le malheur de répondre aux soldats d'une façon assez vive ; sa main était, en effet, noircie, mais il est assez difficile de savoir si la teinte qu'elles avaient provenait du contact de la poudre. Plusieurs gardes le forcèrent de se mettre à genoux dans l'embrasure d'une porte qui se trouvait à droite, ce fut là qu'il fut fusillé, il était environ midi. Un instant après un second prisonnier fut amené à la préfecture de police par des soldats de la ligne, les gardes républicains parlaient de le mettre à mort, mais l'attitude énergique du caporal de l'escorte sauva la vie de cet homme.

(2) Voir la liste dressée par M. Trébuchet à la fin de ce livre.

au faubourg Montmartre. Il y avait là plusieurs femmes. Les parents des victimes venaient y reconnaître les leurs. Des cadavres dont nous ignorons le nombre furent transférés au cimetière du Nord ; on plaça les corps debout dans une fosse, la tête hors de terre, afin que les familles pussent faire la reconnaissance !

La perte de l'armée s'éleva, d'après le calcul officiel, à 27 morts, dont 1 officier, et 181 blessés, dont 17 officiers.

La journée du 5 décembre fut assez tranquille ; la population atterrée par l'immense désastre des boulevards, fit à peine quelques tentatives sans importance. Quelques barricades, mal construites et plus mal défendues encore furent élevées à la Croix-Rouge, à la barrière Rochechouart et sur quelques points écartés des faubourgs.

Nous nous arrêtons ici.

Mais notre tâche n'est pas terminée, car nous n'avons fait que la première partie du travail que nous nous sommes imposé.

Pour éclairer complètement nos lecteurs sur le coup d'État de décembre 1852, nous préparons l'*Histoire des conseils de guerre et des commissions militaires de 1852*, qui sera le complément indispensable du présent ouvrage.

# LISTE

DRESSÉE PAR M. TRÉBUCHET, CHEF DU BUREAU DE LA SALUBRITÉ A LA PRÉFECTURE DE POLICE, D'UN CERTAIN NOMBRE DE PERSONNES NON MILITAIRES TUÉES LES 3 ET 4 DÉCEMBRE.

———

ADDE, libraire, boulevard Poissonnière, 17; tué chez lui.

AVENEL, allumeur de gaz : tué boulevard Montmartre.

BOYER, pharmacien, rue Le Peletier, 9; tué boulevard des Italiens.

BOYER, cocher, rue Grange-aux-Belles, 15; tué boulevard des Italiens.

BERTAUX, garçon marchand de vins, rue Grenétat, 4; tué boulevard des Italiens;

BIDOIS, employé, rue Notre-Dame-de-Nazareth; tué boulevard des Italiens.

BRUN, négociant, place du Châtelet, 6; tué boulevard des Italiens.

BACFORT, cordonnier, rue de la Verrerie, 5; mort à l'Hôtel-Dieu.

BOULET-DESBARREAUX, clerc d'huissier; tué boulevard Montmartre.

BAUDIN, ex-représentant, rue de Clichy, 88; tué faubourg Saint-Antoine.

BASTARD, cuisinier; à la Morgue.

BEAUFOND, tailleur; à la Morgue.

BOURSIER, enfant de sept ans et demi, fils d'un conducteur aux Messageries; tué rue Tiquetonne.

BELVAL, ébéniste, rue de la Lune, 10; tué chez lui.

BON, ferblantier; à la Morgue.

BRICAUT, commis; à la Morgue.

BOQUIN, menuisier, aux Batignolles; tué boulevard Montmartre.

BUCHOLTZ, tailleur, rue Pagevin, 5; tué rue Pagevin.

COLET, carrossier, rue de Varenne, 80; tué boulevard Poissonnière.

CARPENTIER, clerc d'avoué, faubourg Saint-Martin; tué boulevard Montmartre.

COIGNIÈRE, carrossier, rue Croix-des-Petits-Champs, 5; tué boulevard Montmartre.

CLARET, peintre, rue Beauregard, 17; tué boulevard Saint-Denis.

CHAUDRON, gantier, passage du Grand-Cerf; tué boulevard Saint-Denis.

CAMBIASO, sans profession, rue Louis-le-Grand, 24; mort à la Charité.

COQUARD, propriétaire, à Vire (Calvados); tué boulevard Montmartre.

CHARPENTIER DE BELCOURT, négociant, faubourg Montmartre, 5; tué boulevard Montmartre.

CASTRIQUE, peintre; à la Morgue.

COCHEU, marchand de journaux : à la Morgue.

COINTIN, bourrelier; à la Morgue.

CLAIRE, boucher, barrière du Roule, 21; mort à la Charité.

CARREL, tourneur, rue du Vertbois, 41; tué boulevard Montmartre.

CASSÉ, employé, rue Saint-Magloire, 3; mort à l'Hôtel-Dieu.

CHAUSSARD, domestique; tué boulevard Montmartre.

DEBEAUCHAMP, rentier, boulevard Montmartre, 19; reconnu au cimetière du Nord.

DERAINS, avocat, rue Plumet, 4; tué boulevard Montmartre.

DURAND, charpentier, faubourg Saint-Martin, 236; tué boulevard Montmartre.

DEVART, entrepreneur, rue Dauphine, 20; tué boulevard Poissonnière.

DERANSART, coiffeur, rue Saint-Lazare 18; tué boulevard Poissonnière.

DEBAECQUE, négociant, rue du Sentier, 45; tué chez lui.

DAVID, professeur, rue de Vendôme, 18; tué rue Saint-Denis.

DUBOSQ, employé, rue d'Astorg, 28; à la Morgue.

DOUCERAIN, cordonnier, rue Jean-l'Epine, 2; mort à l'Hôtel-Dieu.

DELORME, maçon, rue Ménilmontant, 162; mort à l'Hôtel-Dieu.

DUDÉ, charretier, rue de la Corroierie; mort à l'Hôtel-Dieu.

DE CASTRE, tailleur, rue Feydeau, 26; mort à la Charité.

DEMARSY, rentier, rue Saint-Nicolas-d'Antin; à la Morgue.

DUCHESNAY, propriétaire, rue Dupuytren, 3; tué boulevard Montmartre.

DELON, commis voyageur; à la Morgue.

DAUBIGNY, polisseur d'acier; à la Morgue.

DE COUVERCELLES, fleuriste, rue Saint-Denis, 255; tué chez lui.

DORÉ, cordonnier; à la Morgue.

DEMAZY, rentier, rue du Rocher, 4; mort à l'hospice Beaujon.

DAGAN, menuisier, rue de la Pépinière, 27; à la Morgue.

DUSSOUBS (GASTON), avocat; à la Morgue.

DESLIONS, papetier; à la Morgue.

FRIEDEL, menuisier, rue de Varennes, 80; tué boulevard Poissonnière.

FÉVRIER, propriétaire, rue du Temple, 15; tué boulevard Poissonnière.

FILLY, commis, rue Saint-Denis, 341; tué boulevard Poissonnière.

FROIS DU CHEVALIER, négociant, rue de la Banque, 20: tué boulevard Poissonnière.

FÈVRE, sellier; à la Morgue.

FIRMIN, passementier; à la Morgue.

GOUGEON, domestique, rue d'Alger 6; tué boulevard Montmartre.

GRELLIER (demoiselle), femme de ménage, faubourg Saint-Martin, 209; tuée boulevard Montmartre.

GUILLARD (femme), dame de comptoir, faubourg Saint-Denis, 77; tuée boulevard Saint-Denis.

GARNIER (femme), dame de confiance, boulevard Bonne-Nouvelle, 6; tuée boulevard Saint-Denis.

GEOFFROY, fondeur, place du Chevalier-du-Guet, 6; à la Morgue;

GANTILLON, dessinateur, cour de la Grâce-de-Dieu; à la Morgue.

GENON, garçon marchand de vins, place des Victoires, 6; mort à l'hospice Beaujon.

GRIMAUD, arçonnier, rue Saint-Jean-de-Latran, 5; tué boulevard Montmartre.

GARONY, cordonnier; à la Morgue.

GONT, journalier; à la Morgue.

GAUMEL, architecte, faubourg Saint-Martin, 105; à la Morgue.

GOBI, domestique, faubourg Saint-Martin, 6; à la Morgue.

GRILLARD, garçon boulanger, cour Batave 15; à la Morgue.

GUIBLIER, commis marchand, avenue Montaigne, 61; tué rue Neuve-Saint-Eustache.

HOFFE, rentier, rue de l'Union, 19: tué boulevard Poissonnière.

HOULEY, cocher; à la Morgue.

HAGAUX, bimbelotier, rue Saint-Denis, 271; à la Morgue.

N...
N...
N...⎱ INCONNUS, dont on n'a pu constater l'identité, passés
N...⎰ par les armes ou trouvés morts sur les barri-
N... cades.
N...

JOUIN, scieur de pierres, rue des Dames, 10; tué boulevard Poissonnière.

JULLIETTE, bitumier, à Montrouge; mort à l'Hôtel-Dieu.

LIÈVRE, négociant, rue de Richelieu, 78; tué boulevard
Bonne-Nouvelle.

LEMIÈRE, commis libraire, boulevard Montmartre, 5; tué
boulevard Bonne-Nouvelle,

LAPLACE, sculpteur (quinze ans), rue Amelot; à la Morgue.

LÉAUTY, rentier, à Gentilly (Seine); mort à l'Hôtel-Dieu.

LEFLOQUE, journalier, rue de la Tacherie, 18; mort à
l'Hôtel-Dieu.

LABILTE, bijoutier, boulevard Saint-Martin, 63; tué chez lui.

LEMERCIER, broyeur, rue Saint-Placide, 4; tué boulevard
Poissonnière.

LELIÈVRE, commis, rue des Vertus, 25; tué boulevard
Poissonnière.

LEFÈVRE. cuisinier, rue Tirechappe, 25; à la Morgue.

LANGLOIS, porteur aux halles; à la Morgue.

LECUIR, employé, rue des Récollets; à la Morgue.

LACROIX, fabricant d'abats-jour, rue Bourbon-Villeneuve,
22; à la Morgue.

LEFORT, polisseur, impasse de la Pompe, 18; à la Morgue.

LACOUR, concierge, faubourg Saint-Martin, 148; à la
Morgue.

LAINÉ, ébéniste, faubourg Saint-Antoine, 115; à la Morgue.

LALY, homme d'affaires, rue de l'École-de-Médecine, 18;
tué boulevard Poissonnière.

LEDAUST (femme), femme de ménage, passage du Caire, 76;
à la Morgue.

LAURENT, sellier, à Batignolles; tué cloître Saint-Merry.

LECLERC, garçon boucher, avenue de Neuilly, 121; tué
cloître Saint-Merry;

MULLER, domestique, boulevard des Italiens, 1; tué cloître
Saint-Merry.

MERLET, ancien sous-préfet, rue Casimir-Périer, 17; tué
boulevard Montmartre.

MATHOS, chapelier, rue des Fossés-Saint-Germain-l'Auxer-
rois, 6; tué boulevard Montmartre.

MORMARD, rentier, rue du Temple, 207; mort à l'Hôtel-
Dieu.

MOREAU, corroyeur, rue Montgolfier, 18 ; mort à l'Hôtel-Dieu.

MOREAU, gantier, rue Hautefeuille, 4 ; mort à l'Hôtel-Dieu.

MAULUY, journalier, à Belleville ; mort à l'hospice Saint-Louis.

MOUTON, teinturier, à Neuilly ; mort à la Charité.

MALOISEL, coiffeur, rue Saint-Marc, 7 ; tué boulevard Poissonnière.

MOREAU, sculpteur (dix-huit ans) ; à la Morgue.

MONPELAS, parfumeur, rue Saint-Martin, 181 ; tué chez lui.

MOLIN, courtier, à Bercy ; tué boulevard Poissonnière.

MOREL, journalier, rue Saint-Placide, 12 ; à la Morgue.

MERMILLIOD, tabletier ; à la Morgue.

MAURY-BERNARD, portefaix, rue de la Parcheminerie ; mort à la Clinique.

MAHÉ, domestique, rue Réaumur ; mort à l'Hôtel-Dieu.

NICOLAS, commis en marchandises, boulevard Saint-Denis, 19 ; mort à l'Hôtel-Dieu.

NAVEAU, fleuriste, rue Saint-Denis, 280 ; mort à l'Hôtel-Dieu.

NOEL (Françoise), giletière, rue des Fossés-Montmartre, 29 ; morte à la Charité.

OINVILLE, gantier, rue des Écrivains, 46 ; mort à la Charité.

PROCHASSON, laitier, Maison nationale de santé ; mort à la Pitié.

PÉCOT, marchand de vins, rue Poissonnière, 44 ; mort à la Pitié.

PONTET, propriétaire à Grenelle ; tué boulevard Montmartre.

PONINSKI (le comte), rentier, rue de la Paix, 31 ; tué boulevard Montmartre.

PILLON, ouvrier bijoutier, à Courbevoie ; tué boulevard Montmartre.

PIERRARD, cordonnier ; à la Morgue.

PINEAU, charpentier ; à la Morgue.

PAISGNEAU, fabricant de boutons ; à la Morgue.

PARISS, pharmacien, place Vendôme, 26 ; tué boulevard Montmartre.

PARISOT, cuisinier ; à la Morgue.

POUYAND, maçon ; mort à l'hospice Saint-Louis.

POUSSARD, greffier du juge de paix de Brie-Comte-Robert ; tué faubourg Saint-Denis.

ROBERT, marchand de coco, faubourg Poissonnière, 95 ; tué rue Montmartre.

RABOISSON (femme), couturière ; morte à la Maison nationale de santé.

Robert, peintre en bâtiments, rue Saint-Honoré, 23; tué boulevard Montmartre.

Rio, professeur de langues, rue de Bourgogne, 58; tué boulevard Montmartre.

Roussel, employé, faubourg Poissonnière, 139; tué boulevard Montmartre.

Remy, bijoutier; à la Morgue.

Rosset, cocher, né en Savoie; mort à l'hospice Beaujon;

Seguin (femme), brodeuse, rue Saint-Martin, 240; morte à l'hospice Beaujon.

Simas (demoiselle), demoiselle de boutique, rue du Temple, 196; morte à l'hospice Beaujon.

Selan, propriétaire, à Grenelle; tué boulevard Montmartre.

Thirion de Montauban, propriétaire, rue de Lancry, 10; tué sur sa porte.

Thiébaut, paveur, faubourg Saint-Martin, 166; tué boulevard Montmartre.

Theillart, maçon, rue de la Poterie, 9; mort à l'Hôtel-Dieu.

Vatré, peintre en bâtiments, rue Neuve-Bourg-l'Abbé, 16; mort à l'Hôtel-Dieu.

Vidal (femme), rue du Temple, 97; morte à l'Hôtel-Dieu.

Vidot, teinturier, rue Cocatrix, 8; mort à l'Hôtel-Dieu.

Vial, cocher, rue de Grenelle-Saint-Germain; tué boulevard Montmartre.

Vassont, corroyeur; à la Morgue.

Vannier, tailleur de cristaux, rue du Petit-Crucifix, 5; à la Morgue.

Varen, peintre en bâtiments; à la Morgue.

# BIBLIOGRAPHIE.

―

*Moniteur universel*, année 1851.

*La Patrie.*

*Histoire d'un coup d'État (décembre 1851), d'après les documents authentiques, les pièces officielles et les renseignements intimes,* par M. PAUL BELOUINO.

*Mémoires d'un Bourgeois de Paris,* par le docteur L. VÉRON.

*Histoire de la chute de Louis-Philippe,* etc, par GRANIER DE CASSAGNAC.

*Révolution du 2 décembre,* par le capitaine H. MAUDUIT.

*Histoire du 2 décembre,* par P. MAYER.

*Paris en décembre 1851; étude historique sur le coup d'État,* par EUGÈNE TÈNOT.

*Dictionnaire des contemporains,* par G. VAPEREAU.

*Révélations sur la Société du 10 décembre,* par GALLIN.

*Le 2 décembre devant l'histoire,* extrait de l'histoire complète et authentique de Louis-Napoléon Bonaparte, etc., par GALLIN et GUY.

*Le Spectre Rouge,* par ROMIEU.

*La Tribune de 1868* (article de M. E. PELLETAN).

N. B. — Tous les faits qui ne se trouvent pas dans les ouvrages cités ci-dessus sont le résultat de nos souvenirs personnels.

# TABLE.

———

FIN DE LA TABLE.

Paris.— Imp. Paul Dupont, rue J.-J.-Rousseau, 41 (Hôtel des Fermes).

www.ingramcontent.com/pod-product-compliance
Lightning Source LLC
Chambersburg PA
CBHW062222270326
41930CB00009B/1834